Club de jóvenes hechiceras

Lectura de manos

Escrito por Xanna Eve Chown
Ilustrado por Luna Valentine

chicas x chicas

I0877466

Dirección editorial: María José Pingray
Coordinación de proyecto: Jesica Ozarow
Edición y corrección: Pamela Pulcinella
Diagramación: Shhh! Ilustradores
Traducción: Soledad Gopar
Producción industrial: Aníbal Álvarez Etinger
Asistente de producción: Camila Fernandez

© 2022, Arcturus Publishing Limited.
Autores: Xanna Eve Chown
Ilustraciones: Luna Valentine
Diseño: Rosie Bellwood
Edición: Donna Gregory
Publicado originalmente en inglés bajo el título: Teen Witches' Guide to Palm Reading
Impreso en China.

© CHICAS X CHICAS, 2024.
Primera edición publicada por Editorial Guadal S. A., Humboldt 1550,
C1414CTN, Ciudad Autónoma de Buenos Aires, Argentina. Derechos reservados.
Prohibida su reproducción total o parcial por cualquier medio
y en cualquier formato, sin autorización escrita del editor.
Hecho el depósito que marca la Ley 11723. Libro de edición argentina.
Impreso en China, en abril de 2024.
WWW.EDITORIALGUADAL.COM.AR

Chown, Xanna Eve
Lectura de manos / Xanna Eve Chown; coordinación general de María José Pingray; editado por Pamela Pulcinella. - 1a ed. - Ciudad Autónoma de Buenos Aires: Chicas x Chicas, 2023.
128 p.; 20 x 13 cm.
ISBN 978-987-8930-05-3
1. Libro de Entretenimientos. I. Pingray, María José, coord. II. Pulcinella, Pamela, ed. III. Título.
CDD 793.21

Contenido

EL ANTIGUO ARTE DE LA QUIROMANCIA 5

LAS PALMAS 13

LOS DEDOS Y LOS PULGARES 25

HUELLAS DACTILARES 41

PATRONES EN LAS PALMAS 57

LÍNEAS MAYORES 65

LÍNEAS MENORES 81

LEE LAS MANOS DE TUS AMIGOS 115

El antiguo arte de la quiromancia

Introducción

¿CÓMO ERES?

¿Alguna vez te has tomado el tiempo de observar las marcas en la palma de tu mano? ¡Ni siquiera los gemelos comparten la misma configuración! Cada línea es un sorprendente recordatorio de lo única y especial que eres en realidad. Todas tus cualidades, tanto positivas como negativas, están señaladas en tus palmas y, con un poco de paciencia, puedes aprender a interpretarlas. Este libro te enseñará todo lo que necesitas saber.

El viaje inicia aquí. ¡Comencemos!

La lectura de la palma de la mano puede ayudarte a conocer mejor tus cualidades personales, por ejemplo:

- **¿Piensas en las cosas de manera racional?**
- **¿Te resulta sencillo expresar tus sentimientos?**
- **¿Eres serena o impaciente?**

¡NO TEMAS A LAS PREDICCIONES!

En la Antigüedad, cuando se utilizaba la lectura de manos o quiromancia para predecir el futuro, se creía que algunas de las líneas y marcas en la palma de la mano eran malos presagios. ¡Por suerte, la quiromancia ha evolucionado desde entonces! Actualmente, la lectura de manos se considera una herramienta que puede brindarte una valiosa visión de tu personalidad. Cuando observas tus manos, es como ¡si pudieras mirar dentro de tu mente! Así que no te preocupes si tienes la forma de una cruz o una estrella inusual. La mayoría de estas marcas no tienen ningún significado en particular, ¡y todo el mundo tiene algún extraño garabato!

PREPÁRATE PARA COMENZAR

EQUIPAMIENTO

El elemento más importante del equipamiento que necesitarás es una lupa, ya que sin ella no podrás ver las líneas más delgadas. Antes de comprar la lupa, asegúrate de que puedes distinguir fácilmente tus huellas dactilares. Intenta conseguir una cuyo aumento sea de alrededor de x3, una lente que sea del mismo ancho que la palma de tu mano y, de ser posible, con luz incorporada (que te permita examinar mejor los detalles).

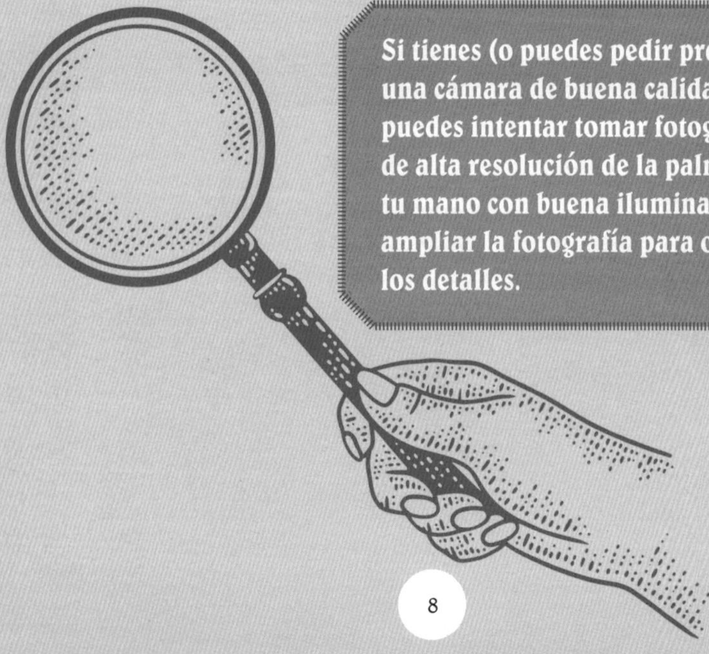

Si tienes (o puedes pedir prestada) una cámara de buena calidad, puedes intentar tomar fotografías de alta resolución de la palma de tu mano con buena iluminación, y ampliar la fotografía para observar los detalles.

HACER IMPRESIONES

Hacer una impresión de tu mano puede ayudarte a examinar las líneas en detalle. Necesitarás los siguientes materiales:

- Tinta al agua
- Un pequeño rodillo de tinta
- Papel liso
- Periódico

Paso a paso:

1. Esparce una pequeña cantidad de tinta sobre una superficie lisa y desliza el rodillo sobre ella hasta que quede cubierto por una delgada capa.
2. Desliza el rodillo por la palma de tu mano y tus dedos, cubriéndolos con la tinta suficiente para destacar todas las líneas. Si usas demasiada tinta, las líneas se «inundarán» y serán difíciles de distinguir.
3. Coloca un periódico debajo del papel de impresión y presiona la palma de la mano entintada sobre el papel (mantén la mano bien firme mientras haces presión).
4. Levanta tu mano con cuidado, mientras sujetas el papel impreso hacia abajo con la otra mano. ¡No toques nada más hasta que te hayas lavado las manos!

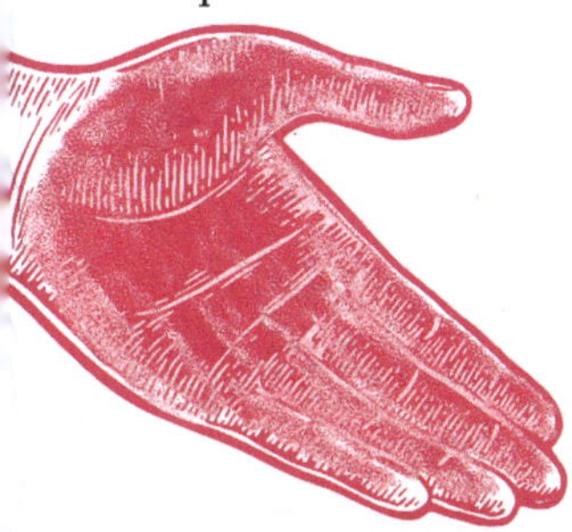

Es probable que necesites hacer unos cuantos intentos hasta conseguir una impresión clara.

Las cinco reglas generales

Como toda práctica, la quiromancia tiene una serie de reglas a seguir. Tómate tu tiempo para memorizar estos cinco principios, ya que facilitan tanto el estudio como las sesiones prácticas.

1. ¡No te apresures! Debes considerar todos los aspectos de ambas manos antes de arribar a cualquier conclusión. Sé paciente y trabaja cuidadosamente y en detalle.
2. Si algún dedo, línea, «monte» o marca es común y regular, ignóralo. Busca solo aspectos o detalles que expresen tu individualidad.
3. Ten en cuenta que las líneas de la palma de la mano cambian a través del tiempo. Las personas cambian, crecen y se desarrollan. Algo similar ocurre con las líneas de la mano. Por eso, lo que ves hoy puede que cambie dentro de un tiempo.

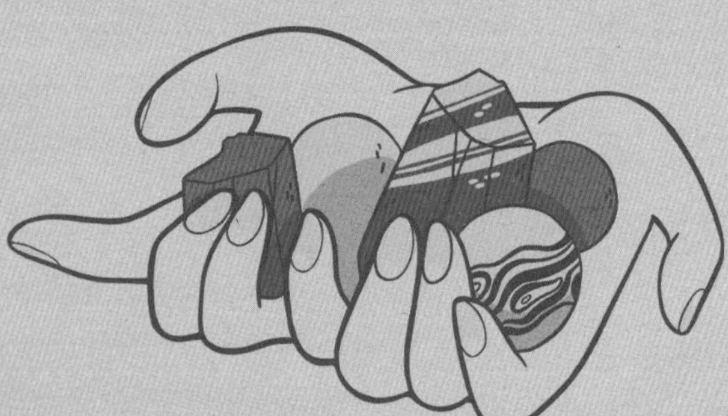

4. Cada rasgo de la palma tiene un aspecto positivo y otro negativo. ¡No hay excepciones!
5. La quiromancia es una profesión asistencial. No se trata de impresionar o atemorizar a los demás. Al hacer una lectura, debes ser amable y comprensiva, ¡incluso cuando lees para ti misma!

Las palmas de la mano

Mano activa y mano pasiva

¿ERES DIESTRA O ZURDA?

Siempre debes examinar ambas manos en una lectura, sin importar si eres zurda o diestra. La mano con la que lanzas el balón es la mano activa. La que usas menos es la mano pasiva. Algunas personas son ambidiestras, lo que significa que son igual de hábiles usando las dos manos. En este caso, la mano con el pulgar más rígido se considera la mano activa.

La mano activa muestra tu yo público, es decir, el lado que muestras a otras personas. La mano pasiva muestra tu lado privado, aquel que mantienes más escondido.

Imagina dos amigas. Una es tu mejor amiga y la otra es solo una compañera de estudios. Conoces la personalidad de la «mano activa» de ambas, pero solo conoces la personalidad de la «mano pasiva» de tu mejor amiga (en público, ella puede ser muy divertida y extrovertida, pero solo tú sabes sus secretos).

¿CUÁL ES LA DIFERENCIA?

Presta atención a las diferencias entre tu mano activa y tu mano pasiva. Ambas pueden explicar lo que está sucediendo en tu interior, aquello que te hace actuar de cierta manera en el exterior.

Por ejemplo, puedes conocer a alguien cuya mano activa muestre un fuerte deseo de ser famoso, pero cuya mano pasiva muestre un profundo sentimiento de inseguridad.

En los niños, la palma de la mano pasiva refleja su personalidad con más claridad. Después de la pubertad, la mano activa se convierte en la dominante.

Las cuatro formas de la mano

El primer paso en quiromancia es observar la forma general de la palma de tu mano para identificar de qué tipo es.

🜃 TIERRA

Palmas cuadradas y pesadas, con dedos cortos y rígidos.

🜁 AIRE

Palmas cuadradas, grandes pero livianas, con dedos largos y finos.

🜄 AGUA

Palmas estrechas y rectangulares, con dedos largos y flexibles. Pueden ser pálidas y frías al tacto.

🜂 FUEGO

Palmas rectangulares con dedos cortos. Suelen ser pequeñas y cálidas al tacto. Las manos de fuego son las más difíciles de identificar, ya que son una especie de mano «intermedia».

Algunas personas tienen palmas que no se ajustan a ninguna categoría. Si este es el caso, simplemente ignora la forma de la mano ¡y continúa con el siguiente paso!

TIERRA
AIRE
AGUA
FUEGO

¿QUÉ TIPO DE MANO TIENES?

Manos de tierra

Eres fuerte y práctica. Prefieres estar en actividad que holgazanear. Disfrutas de tu casa y tu familia, y amas a los animales. A veces te preocupa que las personas se acostumbren a tu presencia y no te valoren, pero —al igual que la tierra bajo tus pies— ¡sabes que eres imprescindible!

PROFESIONES DE TIERRA:
- **Peluquera**
- **Chef**
- **Agricultora**
- **Ingeniera**

Manos de aire

Te gusta reflexionar, conversar y enseñar, pero también tienes una tendencia a soñar despierta. Te encanta aprender cosas nuevas y seguramente tienes un área de interés especial de la que lo sabes todo. Te incomoda la injusticia. ¡Es posible que muevas mucho tus manos al hablar!

PROFESIONES DE AIRE:
- **Comediante**
- **Escritora**
- **Profesora**
- **Animadora**

Manos de fuego

Estás llena de energía y puedes frustrarte cuando crees que los demás son perezosos o descuidados. Te gusta asumir riesgos para alcanzar tus objetivos y te adaptas rápidamente a nuevas tendencias y habilidades. Te atraen las situaciones emocionantes. ¡Te destacas entre la multitud!

PROFESIONES DE FUEGO:

- **Celebridad**
- **Actriz**
- **Deportista**
- **Emprendedora**

Manos de agua

Aquellos que no te conocen pueden pensar que eres muy reservada, pero en realidad eres naturalmente amorosa y compasiva. Te fascinan la magia y el misterio, y amas explorar las relaciones y los sentimientos. Eres una gran artista y disfrutas expresándote de forma creativa. ¡Es posible que cambies mucho de opinión!

PROFESIONES DE AGUA:

- **Maestra**
- **Veterinaria**
- **Enfermera**
- **Artista**

TEXTURA DE LA PIEL

La piel de la palma de la mano es muy importante en quiromancia. Las manos contienen zonas con numerosas terminaciones nerviosas, lo que significa que son muy sensibles al tacto. Para conocer tu tipo de piel, acaricia el centro de la palma de la mano izquierda con el dedo índice de la mano derecha (¡es la yema del dedo más sensible!).

Como buena quiromántica, debes ser capaz de sentir las diferencias en la textura de la piel. Puedes hacerlo recorriendo con la yema de tu dedo el interior de las palmas de algunos de tus amigos y familiares (¡pídeles permiso antes!). Observa las diferencias entre ellos y piensa en cómo su tipo de piel refleja su personalidad. Por ejemplo, ¿son tímidos o extrovertidos? ¿Fanáticos del arte o deportistas? ¿Conversadores o reservados?

¿CUÁL ES TU TIPO DE PIEL?

Los quirománticos clasifican la piel de la palma de la mano en cuatro categorías: 1) «rugosa», la piel más áspera y dura al tacto; 2) «granulada»; 3) «de papel» y 4) «de seda», la piel más fina y sensible. Alguien que trabaje mucho con sus manos, como en la construcción o la jardinería, posiblemente tenga callosidades, durezas o rugosidades en las palmas de sus manos, pero esto no afectará a su tipo de piel.

La piel de la palma de la mano se vuelve más delgada con el paso del tiempo, lo que hace más difícil juzgar su textura.

TEXTURAS DE LA PIEL

De seda

- Tienes una piel muy fina.
- Los montículos de tu piel están tan comprimidos que no puedes sentirlos en absoluto.
- Tienes muchas líneas finas y rayas por toda la palma de la mano.

Eres muy sensible y consciente del tacto, la temperatura y los estados de ánimo de los demás. Intenta evitar la competencia y los ambientes hostiles.

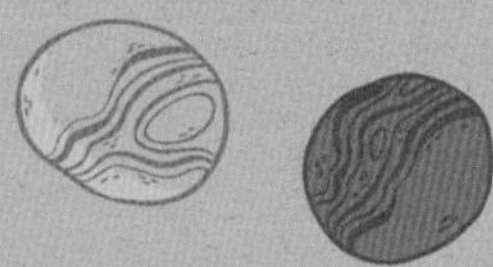

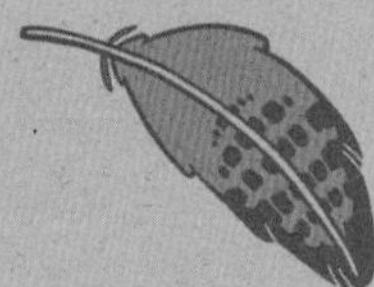

De papel

- Tienes una piel fina y seca, a menudo ligeramente amarillenta.
- Los montículos de tu piel apenas se perciben al tacto.
- En la palma de tu mano hay bastantes líneas.

Te gusta relacionarte con los demás a través de libros, ordenadores y teléfonos. Puedes ser un poco distante y en algunas ocasiones eres reticente al contacto físico.

Granulada

- Los montículos de tu piel son claramente visibles y fáciles de sentir al tacto.
- Las líneas en la palma de tu mano son profundas, rojas y muy visibles (como cortes).
- La piel de tu palma es ligeramente áspera al tacto.

Te gusta estar ocupada y te sientes inquieta cuando estás inactiva. Te encantan los deportes, las artes marciales o el baile. Prefieres hacer que pensar o reflexionar demasiado.

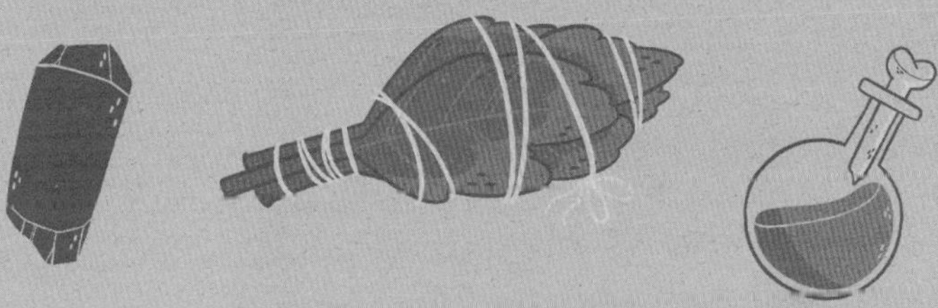

Rugosa

- La piel rugosa es inmediatamente evidente.
- La palma de tu mano se siente muy áspera y árida.
- Hay muy pocas líneas, y estas líneas son surcos profundos.

Te encanta estar al aire libre y necesitas estar físicamente activa. Eres increíblemente fuerte y resistente, pero en algunas ocasiones te cuesta conectar con sentimientos de los demás.

Los dedos y los pulgares

Dedos

¿POR QUÉ TUS DEDOS SON ÚNICOS?

Al examinar tus dedos, descubrirás algo realmente interesante, ya sea su longitud, su rigidez o el patrón de tus huellas dactilares. Los dedos identifican tus rasgos de personalidad ¡y pueden incluso mostrar tu crianza y educación! También revelan lo que sucede en las partes más avanzadas y desarrolladas de tu cerebro.

Los dedos no están completamente formados hasta el final de la adolescencia, así que continúa estudiándolos regularmente y registra cualquier cambio que observes.

¡EXAMINA TUS DEDOS!

¡La flexibilidad de los dedos equivale a la flexibilidad mental! La rigidez de los dedos se comprueba simplemente colocando la palma de una mano contra la yema de los dedos de la otra, y empujando suavemente con la primera mano todos los dedos de la segunda hacia atrás (hacia la muñeca).

¿Rígidos?

Los dedos que apenas se mueven hacia atrás cuando se empuja contra ellos sugieren procesos mentales muy rígidos. Es probable que prefieras la rutina a la espontaneidad.

¿Flexibles?

Si tus dedos retroceden hasta 7 centímetros, no tiene ningún significado en particular.

¿Muy flexible?

Si tus dedos son blandos y se doblan hacia atrás 45 grados o más, tienes una mente espontánea e impulsiva. Estás abierta a nuevas ideas, ¡pero te puede resultar difícil sostener una opinión durante mucho tiempo!

LOS NOMBRES DE LOS DEDOS

Los antiguos quirománticos utilizaban los planetas para describir las cualidades de cada dedo, pero los quirománticos modernos usan metáforas para estos con el objetivo de facilitar la comprensión de sus cualidades.

- **Dedo espejo. Al igual que ves tu reflejo en un espejo, este dedo refleja tu identidad.**
- **Dedo del muro. Este dedo se refiere a tus valores, profesión, familia y amigos. ¡Piensa en ellos como los ladrillos que forman un sólido muro!**
- **Dedo del pavo real. Al igual que un pavo real se expresa con su ostentoso penacho en forma de abanico, este dedo muestra cómo te expresas tú.**
- **Dedo antena. Este dedo describe cómo te comunicas. Piensa en la forma en que la antena de una radio transmite y recibe señales.**
- **Pulgar. En sentido estricto, el pulgar es un «dígito», ¡no un dedo! Muestra tu fuerza de voluntad y tu razón.**

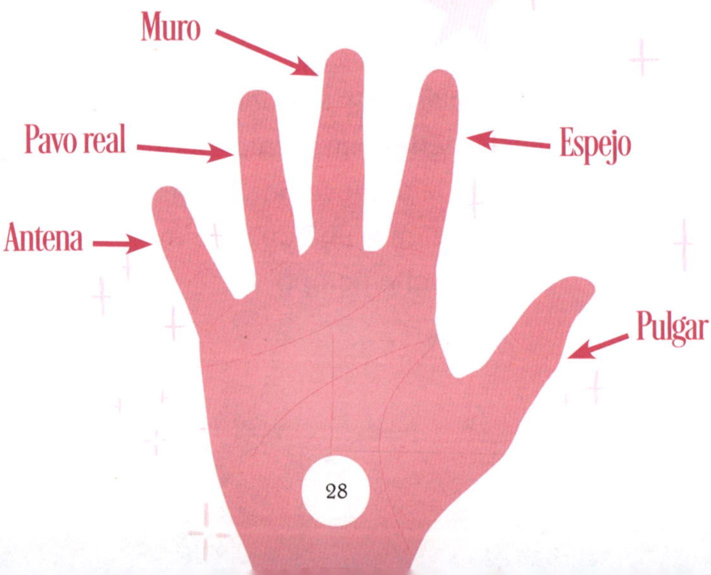

¿TUS DEDOS SON LARGOS O CORTOS?

Es muy común tener al menos un dedo extralargo, muy corto o inclinado. Siempre que un dedo sea largo o corto, será así en ambas manos. Recuerda que estás examinando la longitud de tus dedos en relación con los otros dedos de tus propias manos, ¡no en comparación con los de tus amigos!

Coloca una regla de forma horizontal sobre la punta de tu dedo espejo, deslizando ligeramente tu dedo del muro por encima de la regla.

- **Dedo espejo medio: es ligeramente más corto que tu dedo del pavo real.**
- **Dedo espejo largo: tiene la misma longitud que tu dedo del pavo real (¡o es más largo!).**
- **Dedo espejo corto: es más de 2 milímetros (1/16 pulgada) más corto que tu dedo del pavo real.**
- **Si tu dedo del muro tiene casi la mitad de su sección superior (desde la punta del dedo hasta el primer pliegue) por encima de la regla, se considera medio.**
- **El dedo antena suele llegar hasta el pliegue superior del dedo del pavo real.**

El pulgar

El pulgar expresa tu autocontrol y tu empuje. ¡Se puede decir mucho por su flexibilidad y longitud! Para comprobar la flexibilidad de tu pulgar, extiéndelo hacia tu muñeca. Siempre será un poco más rígido en la mano activa. La mayoría de los pulgares se mueven hacia atrás 1 centímetro (1/2 pulgada) más o menos. Si tu pulgar se dobla hacia atrás casi hasta la muñeca, es flexible. Si no se dobla hacia atrás en absoluto, es rígido.

Muy flexible

Eres una persona relajada. Tiendes a trabajar duro solo cuando haces algo que disfrutas y odias esforzarte demasiado.

Muy rígido

Eres muy rígida en tus resoluciones. Esto significa que cuando has decidido tomar un curso de acción, te adhieres a él con firmeza. Eres muy persistente y no te gusta desviarte de tus objetivos. No te doblegas fácilmente a la voluntad de los demás.

¿CUÁN LARGO ES TU PULGAR?

La longitud del pulgar se mide apoyándolo contra la base del dedo espejo. Si la punta llega a cualquier parte de la sección inferior del dedo espejo, entonces se lo considera medio.

Alto

Si tu pulgar llega a la primera línea de la articulación de tu dedo espejo, esto muestra que tienes una enorme fuerza de voluntad, gran impulso y energía. ¡No te gusta rodearte de personas haraganas o descuidadas!

Corto

Si tu pulgar no llega a la base de tu dedo espejo, esto muestra que debes tener cuidado de no dejarte controlar por otras personas más fuertes.

Si observas los pulgares de las personas con gran autodisciplina, como los atletas olímpicos y los futbolistas profesionales, a menudo verás un pulgar largo y rígido.

Dedo espejo

El dedo espejo es el más importante en quiromancia. Incluso la más mínima curvatura, variación de longitud o patrón de impresión inusual en este dedo, hará una enorme diferencia en tu personalidad. Si se inclina hacia el dedo del muro, muestra que tienes una fuerte necesidad de pertenencia, tanto en casa como en tu ámbito de estudio.

El dedo espejo expresa:

Autoestima	**¿Cuánta confianza tienes en ti misma?**
Integridad	**¿Qué tan honesta y justa eres?**
Responsabilidad	**¿Puedes cuidar de ti misma y de los demás?**
Ambición	**¿Tienes sueños y objetivos que quieres alcanzar?**
Sentido del poder	**¿Puedes defender tu posición y aquello en lo que crees?**

¿CUÁN LARGO ES TU DEDO ESPEJO?

Largo

- Tienes la capacidad de controlar toda clase de situaciones.
- Siempre superas las expectativas.
- Eres muy ambiciosa y tienes muchos objetivos para el futuro.

Corto

- A veces, te resulta difícil confiar en ti misma.
- Tiendes a no asumir demasiadas responsabilidades.
- Probablemente, prefieres no dedicarle mucho tiempo a pensar por qué haces las cosas.
- A veces te cuesta defender tu posición.

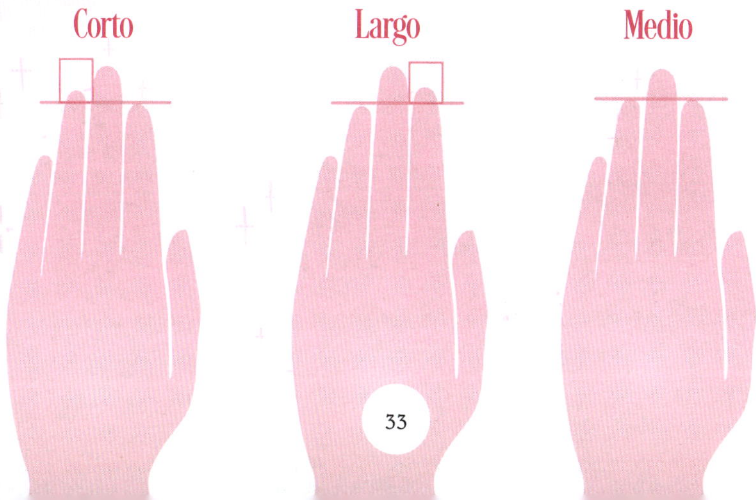

Dedo del muro

Este es el dedo más largo. Muestra los rasgos de tu personalidad que te ayudan a encontrar tu lugar en el mundo que te rodea. Cuando el dedo del muro se inclina, suele ser en dirección al dedo del pavo real. Esto puede indicar que deseas vivir una vida más divertida y despreocupada!

El dedo del muro expresa:

Sentido de pertenencia	**¿En qué medida te adaptas a diferentes grupos, como la familia o amigos?**
Vocación	**¿Qué clase de trabajo o profesión te atraen?**
Religión	**¿En qué crees?**
Códigos de conducta	**¿En qué medida te adaptas a las expectativas de los demás?**
Límites	**¿Qué consideras aceptable e inaceptable?**

¿CUÁN LARGO ES TU DEDO DEL MURO?

Corto

- Es posible que te resulte difícil aceptar los valores.
- Puede que desees un estilo de vida más alternativo.
- Te resulta difícil pertenecer a un grupo.
- Te gusta desafiar las reglas.

Largo

- Por lo general, te tomas muy en serio el trabajo, la familia y la religión.
- Te gusta conocer los detalles.
- Te interesa obtener buenas calificaciones.
- Crees que tienes un deber con la sociedad.
- Te atrae el mundo científico o académico.

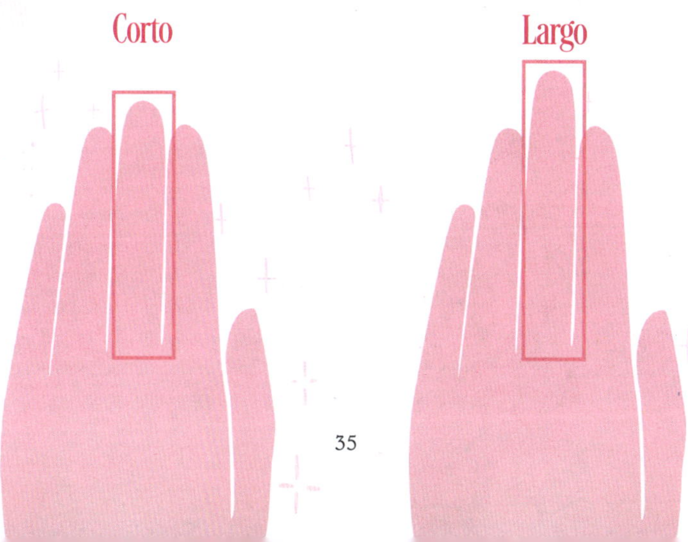

DEDO DEL PAVO REAL

Este dedo se refiere a tu imagen pública, aquellos rasgos de tu personalidad que las demás personas pueden ver. Cuando el dedo del pavo real se inclina, será en la dirección del dedo del muro. Esto puede indicar que te importa mucho cómo te perciben los demás.

El dedo del pavo real expresa:

Popularidad	**¿Qué importancia tiene para ti ser apreciada por los demás?**
Competitividad	**¿Qué tan fuerte es tu impulso por competir, superarte y sobresalir?**

¿CUÁN LARGO ES TU DEDO DEL PAVO REAL?

Largo

- Tienes un fuerte deseo de impresionar a los demás.
- Es posible que te guste ir a los extremos en lo que respecta a la ropa que vistes y tu peinado.
- Te gusta expresarte, ya sea actuando, bailando o practicando deportes.
- Te atreves a asumir riesgos y a desafiarte a ti misma. ¡Y lo disfrutas!

Corto

- Prefieres ser respetada que popular.
- Te encanta ser creativa, pero no te interesa presumir ante los demás.
- Eres muy consciente de cómo te ven las otras personas.

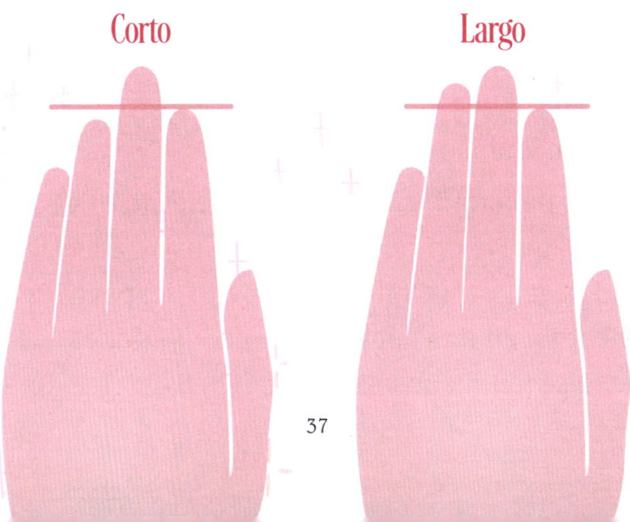

Dedo antena

El dedo antena se relaciona con la comunicación (¡en todos los niveles!). Si el dedo antena se inclina, será siempre hacia adentro, hacia el dedo del pavo real. Esto significa que eres buena utilizando las palabras para convencer a otras personas de algo (¡sea cierto o no!).

El dedo antena expresa:

Ingenio	**¿Piensas rápido y con agudeza? ¿Qué clase de cosas encuentras divertidas?**
Encanto	**¿Te resulta fácil agradarle a los demás?**
Habilidades lingüísticas	**¿Puedes conversar con otras personas sobre diversos temas de manera natural?**

- Los niños siempre tienen el dedo antena muy bajo. La primera línea del pliegue de este dedo se ubica al mismo nivel que la base del dedo del pavo real, o incluso más abajo.
- Durante la pubertad, este dedo suele elevarse de manera tal que la primera línea del pliegue alcanza la mitad de la falange inferior del dedo del pavo real. Sin embargo, en una cuarta parte de los adultos, este dedo se mantiene bajo.

- Un dedo antena largo puede parecer corto si lo vemos en la palma de la mano. ¡En estos casos, añade un 1 centímetro a la punta del dedo!

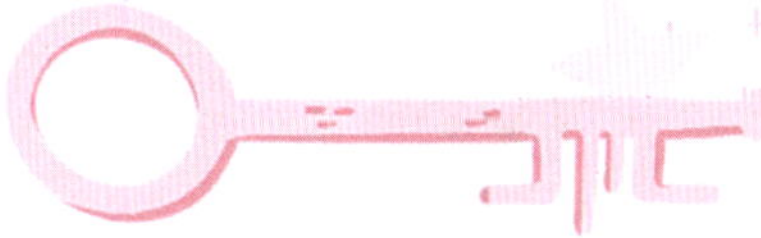

¿CUÁN LARGO ES TU DEDO ANTENA?

Largo

- Tienes una habilidad natural con el lenguaje y probablemente has aprendido a leer a una edad temprana.
- Es posible que te sientas atraída por trabajos o profesiones que se relacionen con la escritura, la enseñanza, las ventas y la mercadotecnia.
- Te encanta contar chistes, ¡especialmente los juegos de palabras!

Corto

- Prefieres usar un lenguaje simple y directo.
- No siempre entiendes el sarcasmo de otras personas.
- Prefieres los juegos de palabras a las bromas pesadas.

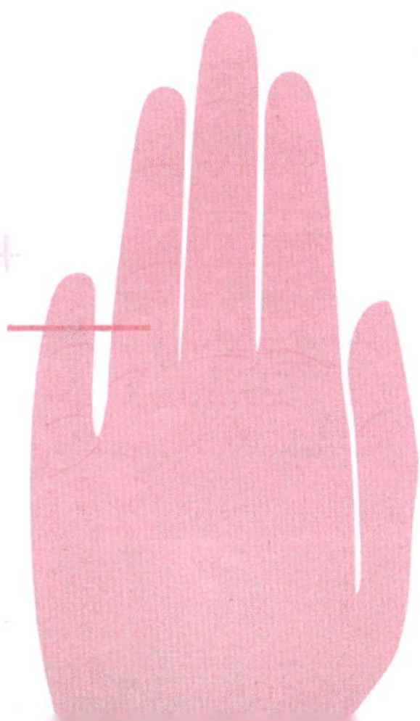

Huellas dactilares

Patrones en la yema de los dedos

Las huellas dactilares son muy importantes en la quiromancia moderna. Aunque no pueden decirte lo que piensas, pueden ayudarte a entender cómo piensas. Para verlas mejor, puede ser útil hacer impresiones en papel con tinta.

La palabra científica para las huellas o impresiones dactilares es *dermatoglifos*, término que proviene del griego «derma» (piel) y «glifo» (marcas).

Las huellas dactilares más comunes se denominan *bucles cubitales*. Si las tienes, no vale la pena mencionarlas en una lectura de manos. Pero si encuentras algo diferente, ¡es un poderoso rasgo de personalidad! Es importante recordar que los significados de los patrones en las yemas de los dedos solo afectan al área en la que se encuentran. Por ejemplo, ¡una espiral en un dedo espejo significará algo diferente de una espiral en un pulgar!

Los cinco tipos de huellas dactilares:

- **Espiral**
- **Arco simple**
- **Arco tensado**
- **Bucle**
- **Doble bucle**

¿QUÉ SIGNIFICAN LAS HUELLAS DACTILARES?

Espiral

La impresión o huella dactilar en espiral está formada por una serie de círculos cada vez menores o una espiral que se enrosca en sí misma. A veces se encuentran algunas líneas de bucle que rodean la espiral. Este patrón se observa mucho en personas creativas, como los artistas. Espirales en muchos dedos sugieren que sigues tus propias ideas, en lugar de seguir las tendencias del momento.

Las espirales muestran lo siguiente:

- Necesitas espacio y privacidad.
- Te gusta trabajar sola.
- Prefieres profundizar en un tema en lugar de tener muchas habilidades diferentes.

Arco simple

El arco simple está formado por una serie de líneas en forma de *V* invertida apiladas unas sobre otras. Este patrón muestra que eres muy buena trabajando con tus manos.

Los arcos simples muestran lo siguiente:

- Eres práctica, fiable y leal.
- Es difícil para ti poder expresar tristeza o enfado frente a los demás.
- Tienes un poderoso impulso por proteger a las personas, los animales y la naturaleza.

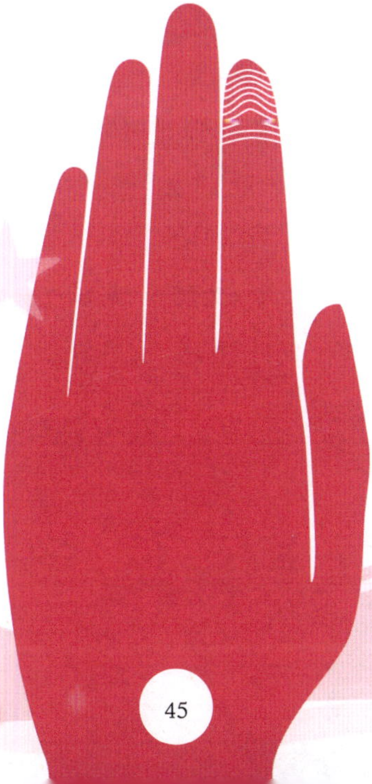

Arco tensado

El arco tensado muestra una distintiva formación de espigas similar a un poste de tienda de campaña con líneas que se elevan a su alrededor. Este patrón se observa en personas que disfrutan de trabajos emocionantes o incluso peligrosos (piensa en un doble de riesgo, un atleta olímpico, un domador de caimanes...).

Los arcos tensados muestran lo siguiente:

- Tienes una personalidad apasionada.
- Te encanta expresarte, impactar y emocionar, ¡nunca te aburres!
- Te gusta desafiarte a ti misma hasta los extremos ¡y eres muy aventurera!

Bucle

Los bucles cubitales se inclinan en dirección al pulgar, y suben y bajan como una ola. Este es el patrón dactilar más común.

Los bucles cubitales muestran lo siguiente:

- Eres más feliz cuando sientes que encajas.
- Priorizas las amistades y las relaciones.
- Tienes una gran empatía con tu entorno.

Bucle radial

El bucle que se inclina en la dirección opuesta al bucle cubital común es conocido como *bucle radial* (¡es fácil ver la diferencia porque el bucle radial se aleja del pulgar!). Las personas con este patrón tienden a disfrutar de profesiones que implican cuidar de otros.

Los bucles radiales muestran lo siguiente:

- Eres muy consciente de las necesidades de las otras personas.
- Te incomoda la crítica.
- Tienes una gran capacidad para relacionarte con los demás.

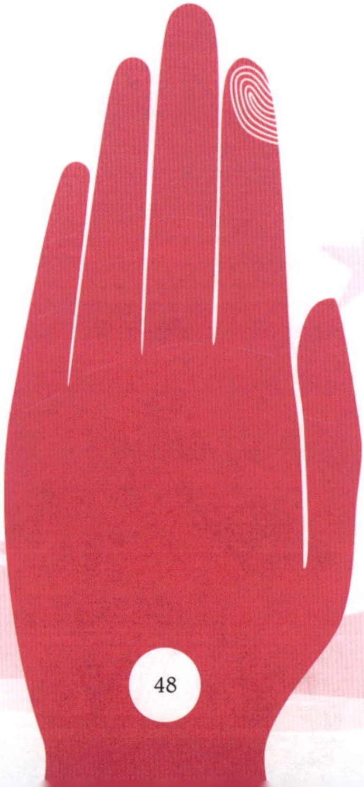

Doble bucle

El doble bucle está formado por dos bucles que se inclinan en direcciones opuestas, como un símbolo yin-yang. Este patrón aparece en personas que deben analizar todos los aspectos de un problema (por ejemplo, un abogado, un terapeuta o un profesor).

Los dobles bucles muestran lo siguiente:

- A veces dudas de tus propias decisiones.
- Te interesan la espiritualidad y la filosofía.
- Puedes ser neutral.

¿QUÉ PATRÓN PUEDES VER EN TU DEDO ESPEJO?

El dedo espejo es el que tiene más probabilidades de mostrar un bucle no cubital. Es el dedo más importante y el primero que debes examinar.

Espiral

- Tienes intereses y pasatiempos poco comunes.
- Eres inteligente y reflexiva.
- Te sientes feliz pasando tiempo a solas y no te agradan tanto las multitudes.

Arco simple

- Los demás te ven como una persona en quien confiar.
- Puedes ser un poco testaruda en algunas ocasiones.
- Amas la naturaleza y los animales.

Bucle radial

- En algunas ocasiones, puedes sentirte insegura.
- Eres muy consciente de los sentimientos de otras personas.
- Eres maravillosa para relacionarte con los demás.

Doble bucle

- Tu pensamiento es profundo.
- Te puede resultar difícil tomar decisiones.
- Eres una muy buena diplomática.

Arco tensado

- Eres apasionada y expresiva.
- Te gusta entretener o enseñar.
- Tienes gran carisma y encanto.

¿QUÉ PATRÓN PUEDES VER EN TU PULGAR?

Espiral

- Eres independiente ¡y te gusta que los demás lo sepan!
- Tienes muchas ideas originales.
- Te gusta sentir que siempre haces de ti misma una mejor persona.

Arco simple

- Puedes ser un poco testaruda en algunas ocasiones.
- Eres práctica y no tienes miedo de ensuciarte las manos, por ejemplo, cuidando de tu jardín.
- No te gusta correr riesgos.

Doble bucle

- Sueles cambiar de opinión.
- Puedes dudar a la hora de comprometerte con cualquier cosa.
- ¡Eres buena haciendo varias tareas al mismo tiempo!

¿QUÉ PATRÓN PUEDES VER EN TU DEDO DEL MURO?

Espiral

- No eres una gran admiradora de las tradiciones y las normas.
- Tienes intereses y pasatiempos poco comunes.
- A veces no estás de acuerdo con los demás sobre sus creencias.

Arco simple

- Tienes una actitud responsable hacia tu trabajo.
- Posees un gran sentido de la justicia.
- Te gusta el orden ¡y te desagrada el desorden!

Bucle radial

- A veces cambias de opinión sobre las cosas que te gustan y las que te desagradan.
- Te resulta fácil relacionarte con otras personas.
- Puedes sentirte atraída por estilos de vida muy alternativos.

Doble bucle

- Tiendes a poner a prueba tus propias creencias.
- No puedes conformarte con un tipo de trabajo (¡hay demasiadas opciones interesantes!).
- Te gusta conocer otras culturas.

¿QUÉ PATRÓN PUEDES VER EN TU DEDO DEL PAVO REAL?

Espiral

- Eres una persona visual, que se interesa mucho por la apariencia de las cosas.
- Tienes talento para el diseño.
- Puedes tener un gusto muy original por la ropa y la música.

Arco simple

- ¡Te encanta expresarte con abrazos!
- Te gusta aprender sobre historia.
- Vistes ropa simple y con estilo.

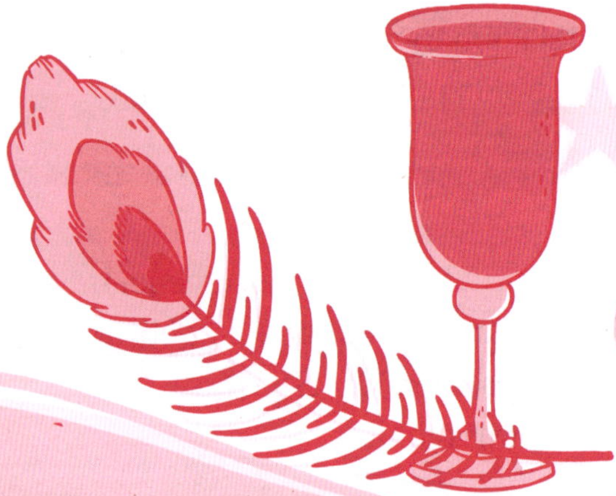

¿QUÉ PATRÓN PUEDES VER EN TU DEDO ANTENA?

Espiral

- Te gusta aprender nuevas palabras e incluso terminología técnica.
- ¡Eres muy reservada en el amor!
- Te gusta relacionarte con personas muy diferentes entre sí.

Arco simple

- Te resulta fácil conversar tanto con adultos como con niños pequeños.
- No te gusta que invadan tu espacio personal.
- Disfrutas de enseñar y compartir tus conocimientos con otros.

Patrones en las palmas

Interpretación de patrones en las palmas

LOS CUADRANTES

Imagina que tu palma está dividida en cuatro zonas desiguales. Cada una se relaciona con un aspecto diferente de tu cerebro. Cuando veas una marca, solo puede interpretarse en relación con la zona en la que se encuentra.

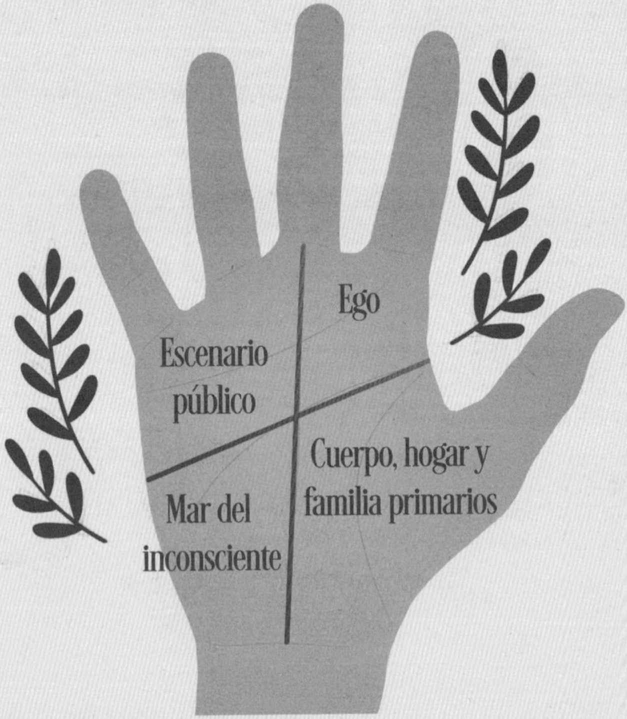

Escenario público

El cuadrante del lado de tu dedo antena se relaciona con tu necesidad de conectarte con el resto del mundo.

Ego

Tu ego es tu sentido del yo. El cuadrante del lado de tu dedo espejo describe tu ambición y desarrollo personal.

Mar del inconsciente

El cuadrante de la base de tu mano tiene que ver con tus sueños, intuición, miedos y deseos profundos. También con tu conexión espiritual.

Cuerpo, hogar y familia primarios

Primario significa «lo más antiguo» o «primordial». Este cuadrante te habla de tus cimientos, de dónde vienes y dónde encuentras seguridad.

Si deseas averiguar el significado de una marca, observa el lugar de la mano donde aparece.

- **Las cruces sugieren dos energías opuestas y la necesidad de tomar una decisión.**
- **Las estrellas muestran muchas opciones posibles y pueden significar que hay una nueva oportunidad en el horizonte.**
- **Las horquillas y los tridentes al final de una línea muestran la capacidad de desempeñarse en más de un nivel.**

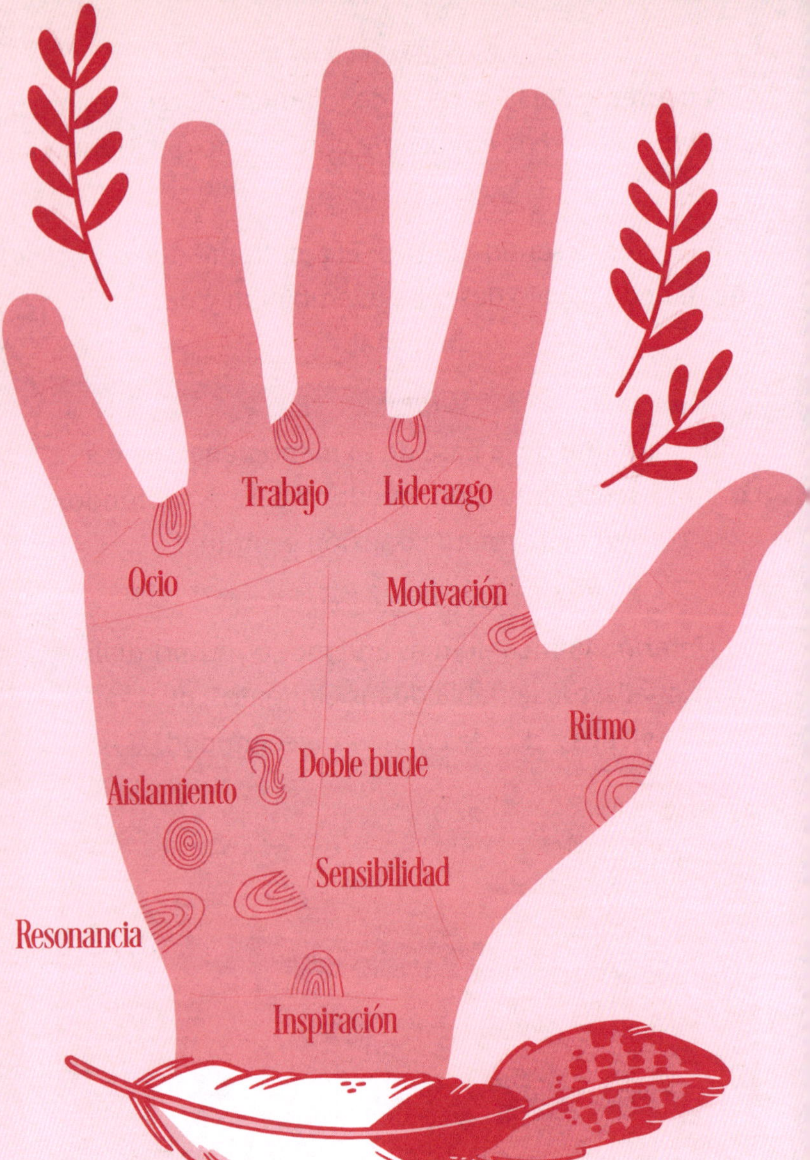
Trabajo
Liderazgo
Ocio
Motivación
Ritmo
Doble bucle
Aislamiento
Sensibilidad
Resonancia
Inspiración

BUCLES INTERDIGITALES

Son pequeños bucles que se forman en el lugar donde los dedos están unidos por una membrana de piel.

Bucle del ocio

Esta es una marca común que muestra que prefieres las actividades de ocio antes que trabajar o estudiar, ¡y adoras los días libres!

Bucle del trabajo

Esta es una marca común que muestra que te tomas tu trabajo con responsabilidad y que tienes un gran sentido del deber.

Bucle del liderazgo

Esta es una marca poco común que significa que tienes una gran capacidad de organización y que eres una líder natural.

OTRAS MARCAS EN LA PALMA DE LA MANO

Bucle de la sensibilidad

Tienes una gran habilidad psíquica y puedes captar sentimientos que están ocultos para los demás.

Espiral del aislamiento

Eres inaccesible en lo relativo a tu auténtica personalidad. Necesitas estar mucho tiempo en privado y a solas. Esta es una marca fuertemente creativa, que se encuentra a menudo en escritores y actores.

Bucle de la resonancia

Sientes un profundo amor por el mundo natural y puedes tener un don para la sanación. Sientes la energía de la Tierra y te fascinan el misterio, la magia y lo desconocido.

Doble bucle sobre el mar del inconsciente

Esta es una marca muy rara. A menudo te sientes como si estuvieras ¡en una montaña rusa emocional! Te encanta aprender sobre psicología y la forma de pensar de las personas.

Bucle de la inspiración

Eres una artista, música o buscadora espiritual que está fascinada por los sueños y abierta a experiencias místicas.

Bucle del ritmo

Posees un marcado sentido del ritmo y amor por la música. ¡Tienes necesidad de bailar y escuchar música en lo más profundo de tus huesos!

Bucle de la motivación

Tienes iniciativa y eres competitiva, ¡siempre buscas nuevos desafíos! Esta marca es muy común en deportistas y practicantes de artes marciales.

Líneas mayores

Corazón, mente, destino, vida

Hay cuatro líneas mayores o principales, que son las más importantes en la palma de la mano. Cambian y se desarrollan lentamente a lo largo de tu vida. Si una línea mayor tiene longitud y forma media, no debes considerarla importante. Pero si una línea mayor tiene inusual longitud o forma, es débil, se corta o falta, entonces vale la pena que la examines más de cerca. Todas las líneas mayores comienzan en el mismo punto de la palma, pero el final es distinto.

Siempre debes leer las líneas de la palma de la mano después de examinar la textura de la piel y los patrones de las palmas y huellas dactilares. Esto significará que ya has establecido los principales rasgos de personalidad, y las líneas se leen en el contexto de estas cualidades. Observa siempre las diferencias entre la mano activa y la mano pasiva.

Las líneas son representativas de la actividad cerebral. Cuantas más líneas haya en la palma de tu mano, más compleja y activa es tu mente. Si tu palma está cubierta por infinidad de líneas, ¡tu mente es un remolino de pensamientos! Si la palma de tu mano tiene solo unas pocas líneas, eres más simple o muy centrada.

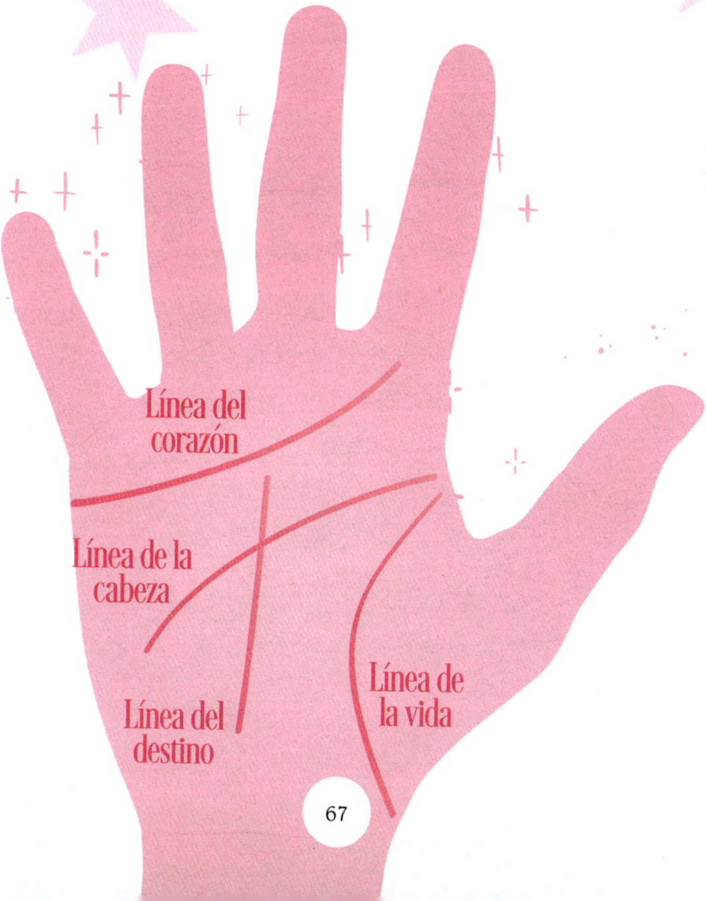

LA LÍNEA DE LA VIDA

La línea de la vida debe ser clara y bien marcada. Se inicia del lado del pulgar y se extiende en un semicírculo hasta la base de la palma de la mano. Si su curvatura es amplia, entonces tienes mucha energía y espontaneidad. Si la línea es casi recta y se mantiene muy cerca del pulgar, es probable que seas más cautelosa.

La línea de la vida muestra tu:

Estabilidad	**¿Es tu vida alocada o apacible?**
Sensación de seguridad	**¿Cuánta confianza tienes en ti misma y en el mundo?**
Sentido práctico	**¿Eres una persona activa o reflexiva?**
Vitalidad física	**¿Eres enérgica o sueles sentirte cansada?**

En la Edad Media se creía que la línea de la vida determinaba la duración de la vida de una persona. Sin embargo, esto ha sido desmentido hace tiempo. ¡Hay muchas personas de 90 años con líneas de la vida cortas!

¿CÓMO ES TU LÍNEA DE LA VIDA?

Corta

- Eres soñadora, y tiendes a alternar entre distintos proyectos e intereses.
- Puede que sientas impulso por conseguir riqueza, poder y prestigio.

Débil

- En algunas ocasiones, puedes ser insegura.
- Sueñas con una vida de poder y prestigio.

Bifurcada

- Es conocida como la línea de los viajes.
- Muestra que tienes un espíritu aventurero y que te encantaría recorrer el mundo.

Rota

- Has experimentado grandes cambios en tu vida, como mudanzas o problemas de salud.
- Esta línea suele ser más marcada después de interrumpirse, lo que muestra que tu energía positiva regresa una vez que el conflicto se ha solucionado.

La línea de la cabeza

La línea de la cabeza se inicia cerca del comienzo de la línea de la vida, y a veces está conectada a ella. Una línea de la cabeza larga finaliza cerca del borde opuesto de la palma de la mano, pero una línea corta termina debajo del dedo del muro. Una línea media suele finalizar bajo el dedo del pavo real.

La línea de la cabeza muestra tu enfoque mental. Si no se distingue con claridad, puede sugerir que a veces te sientas un tanto agobiada. Si este es el caso, te ayudará pasar tiempo concentrada en tareas simples y prácticas, como la cocina o la jardinería.

¿CÓMO ES TU LÍNEA DE LA CABEZA?

Larga

- Tu pensamiento es profundo y amas aprender.
- Pasas mucho tiempo pensando en el futuro.

Corta

- Tiendes a enfocarte en el aquí y ahora, lo que te hace ser muy productiva.
- Siempre estás aprendiendo nuevas habilidades y no pierdes demasiado tiempo preocupándote.

Recta

- Eres sensata y racional, y sueles pensar de forma lógica.
- Te basas en los hechos, y solo crees en algo si lo has experimentado.

Curva

- Es probable que te atraigan las cosas místicas.
- Tienes una vívida imaginación artística.

Clara

- Si la línea es clara y sin interrupciones, muestra que tienes un increíble poder de concentración.

Rota

- Las islas, las interrupciones o las zonas difusas significan que a veces eres un poco desorganizada o que te cuesta concentrarte.

Cruza la palma

- La línea que cruza completamente la palma de la mano, cortándola por la mitad, se llama *línea de Sídney* y se asocia con una gran inteligencia y capacidad intelectual, ¡así como con dificultades para dormir!
- Es común en personas con hiperactividad.

Bifurcada

- Si hay una rama al final de la línea de la cabeza, ¡estás ante la «horquilla del escritor»!
- Muestra una mente versátil y creativa, que es buena para resolver problemas.

Cerca de la línea de la vida

- Si la línea de la cabeza está «pegada» a la línea de la vida, es posible que reflexiones mucho sobre tus propias opiniones.
- ¡Esto se observa a menudo en personas que asisten escuelas muy exigentes!

Lejos de la línea de la vida

- Una gran distancia entre el comienzo de la línea de la cabeza y la línea de la vida muestra que eres aventurera e independiente.

LA LÍNEA DEL CORAZÓN

Esta línea se inicia debajo del dedo antena y suele finalizar en algún lugar entre el dedo espejo y el dedo del pavo real.

La línea del corazón tiene que ver con las emociones. Cuanto más profunda, oscura y larga sea, más energía emocional tienes.

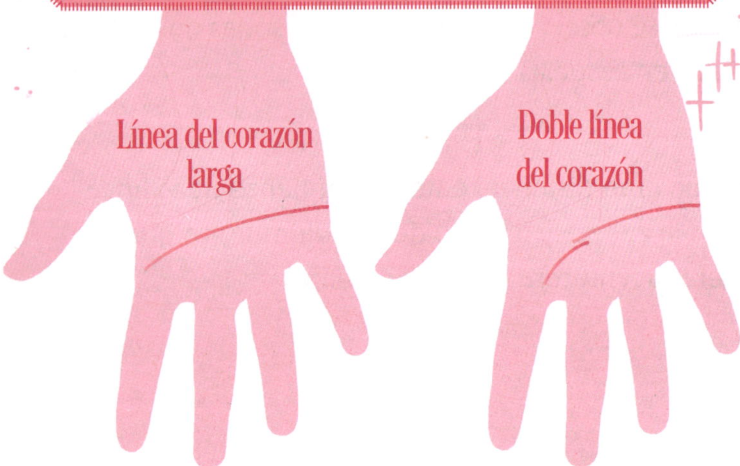

¿CÓMO ES TU LÍNEA DEL CORAZÓN?

Larga

- Una línea del corazón larga finaliza muy cerca del borde de la palma de la mano (por debajo del dedo espejo). Tienes una larga lista de amigos y harías lo que sea por ellos.

- Si la línea cruza completamente la palma de la mano de lado a lado, sueles estar muy comprometida con tus relaciones.

Corta

- Una línea corta finaliza en algún lugar debajo del dedo del muro. Tienes un círculo de amigos reducido y puedes preferir ¡los animales a las personas!

Rota

- Una línea del corazón desordenada significa que tiendes a los extremos emocionales.
- O bien te expresas en un mar de sentimientos ¡o los encierras a todos en una botella!

Curvatura ascendente

- Eres muy romántica y te encanta expresar tus sentimientos.

Recta

- Expresas tus emociones de forma práctica. Por ejemplo, haciendo recados o comprando regalos.
- Sueles ser muy afectuosa.

Dividida

- En ocasiones, la línea del corazón se divide en dos con una sección superior y una inferior, lo que significa que tu personalidad tiene dos caras.

La línea del destino

La línea del destino recorre verticalmente el centro de la palma de la mano y siempre se extiende hacia el dedo del muro. Esta línea puede ser difícil de identificar porque puede adoptar varias formas. Puede partir del centro de la palma, de la línea de la vida o del mar del inconsciente.

La línea del destino muestra cuánta energía pones en tus objetivos y creencias personales. Compara siempre la mano activa y la mano pasiva, ya que suelen ser muy diferentes.

Es normal que esta línea no se vea en su totalidad hasta tus 20 años o principios de los 30.

¿CÓMO ES TU LÍNEA DEL DESTINO?

Recta

- Eres madura y equilibrada.
- Tienes una perspectiva simple de la vida y sabes cómo defender tu posición sin ayuda de otros.

Tenue

- Necesitas tiempo para saber lo que quieres.
- A veces, puedes sentirte muy ansiosa.

Comienza en el mar del inconsciente

- Te encanta trabajar con otras personas y desplegar tu creatividad.
- Tiendes a un estilo de vida no convencional.

Unida a la línea de la vida

- Aprecias la estabilidad y, en ocasiones, deseas formar una familia feliz.
- Puede que elijas dedicar mucho tiempo a tu educación.

Comienza en la mitad de la palma

- Es posible que cambies de dirección a mitad de la vida.
- Harás cambios positivos a medida que descubras más sobre quién eres y qué quieres.

Se extiende a lo largo de toda la palma

- Es poco común que esta línea se extienda desde el borde inferior de la palma hasta la base del dedo del muro, pero cuando lo hace, muestra que te cuestan los cambios.

Interrupciones, islas, barras y líneas dobles

Todas las líneas mayores pueden interrumpirse y luego continuar. Pueden tener una isla en algún punto o una barra corta que las cruza. A veces, la línea es doble, aunque esto es poco común.

Las marcas en las líneas mayores se relacionan con el área de la vida donde aparecen.

Línea de la vida: tu hogar, salud o familia.
Línea del corazón: tu vida emocional.
Línea del destino: tu trabajo y objetivos personales.
Línea de la cabeza: tu personalidad y tu forma de pensar.

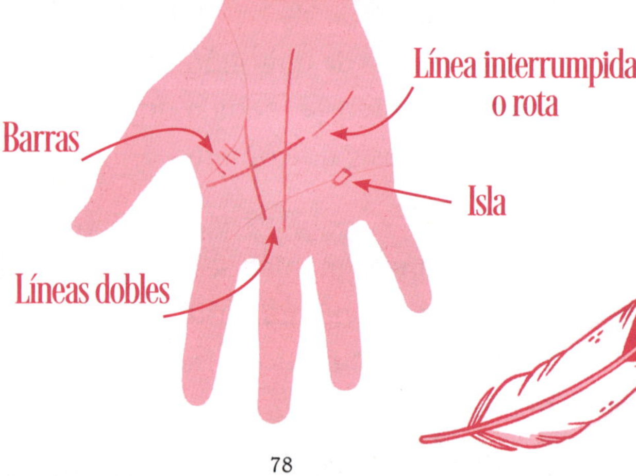

¿LAS LÍNEAS DE TU PALMA TIENEN ALGUNA DE ESTAS MARCAS?

Interrupciones

- Una interrupción en cualquier parte de una línea mayor muestra un gran cambio en tu vida.
- Si la línea se hace más marcada después de la ruptura, ha habido un resultado positivo.
- Si la línea se debilita después de la ruptura, muestra que todavía necesitas apoyo.

Islas

- Si aparece una isla, ¡necesitas relajarte!
- Puede que te sientas confundida ante una situación.

Barras

- Si una línea corta (o barra) cruza una línea mayor, significa que tienes obstáculos que superar.
- Cuando aparece una serie de líneas de barras, es una señal de que debes cambiar la perspectiva con la que afrontas estos obstáculos.

Líneas dobles

- Eres una persona compleja y cambiante.
- Te resulta fácil alternar entre dos formas diferentes de ser, por ejemplo, te comportas diferente en familia o con amigos.

Líneas menores

Conoce las líneas menores

- Las líneas menores son mucho más tenues y ásperas que las líneas principales.
- Pueden cambiar muy rápidamente, a veces en cuestión de días o semanas.
- Es perfectamente normal no ver una línea menor en particular. ¡Algunas personas no tienen ninguna!
- Si tienes más líneas menores en tu mano activa, significa que afectan tu vida exterior. Si, en cambio, tienes más líneas menores en tu mano pasiva, quiere decir que afectan tu vida interior.

Si encuentras una línea menor realmente profunda y roja, más fuerte que las líneas principales, significa que, en este momento, tu vida no está en equilibrio. Es posible que estés volcando toda tu energía en una sola cosa. Esto podría significar que tienes un don natural en un área o que necesitas hacer algunos cambios para que las cosas vuelvan a estar en equilibrio.

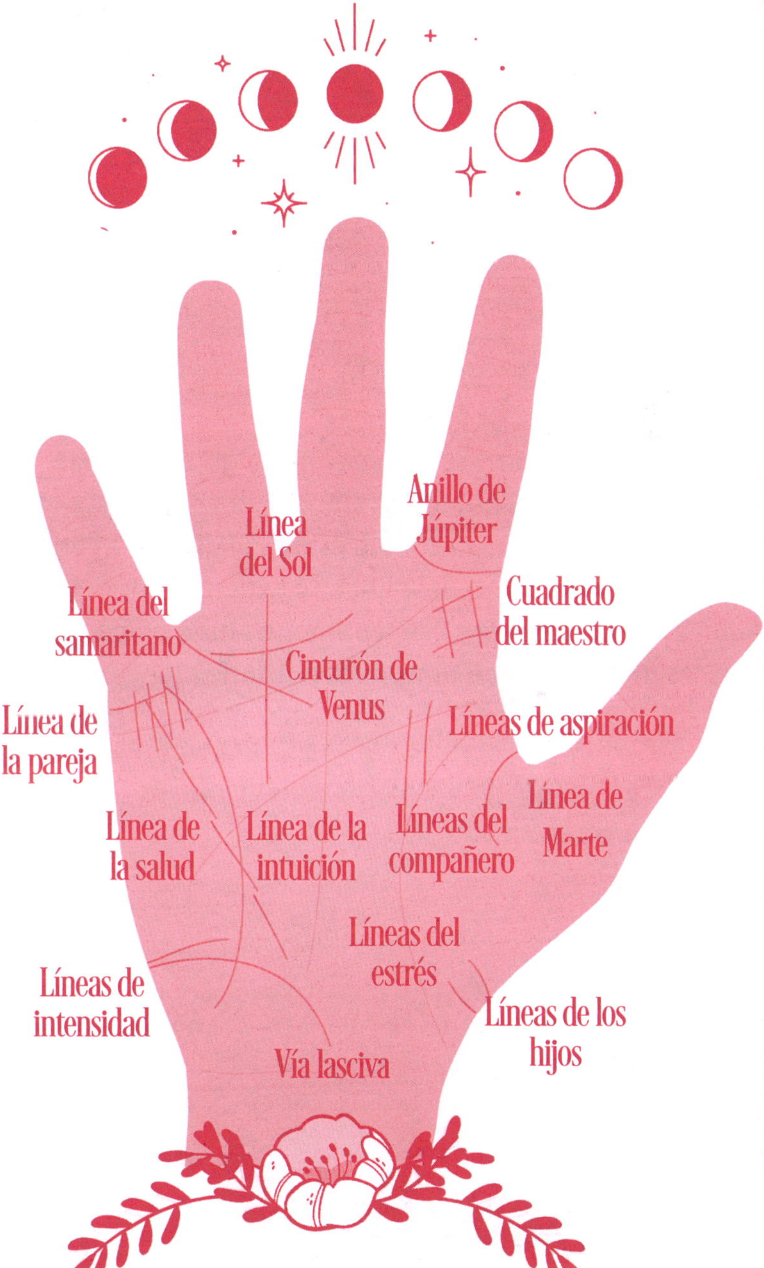
Anillo de Júpiter
Línea del Sol
Cuadrado del maestro
Línea del samaritano
Cinturón de Venus
Línea de la pareja
Líneas de aspiración
Línea de Marte
Línea de la salud
Línea de la intuición
Líneas del compañero
Líneas del estrés
Líneas de intensidad
Líneas de los hijos
Vía lasciva

Línea del Sol

Esta línea es muy fina y se extiende verticalmente hasta la base del dedo del pavo real. Casi siempre se ve por encima de la línea del corazón. Si este es el caso, no tiene importancia. Sin embargo, si la línea se extiende por debajo de la línea del corazón por 2,5 centímetros (una pulgada) o más, es muy significativa y debes prestarle atención.

- **Si la línea del Sol pasa por debajo de tu línea del corazón, muestra que tienes la habilidad de sentirte profundamente satisfecha sin la atención de los demás.**
- **El antiguo arte indio de la quiromancia enseña que una línea solar muy marcada es un signo de ¡riqueza y buena fortuna!**

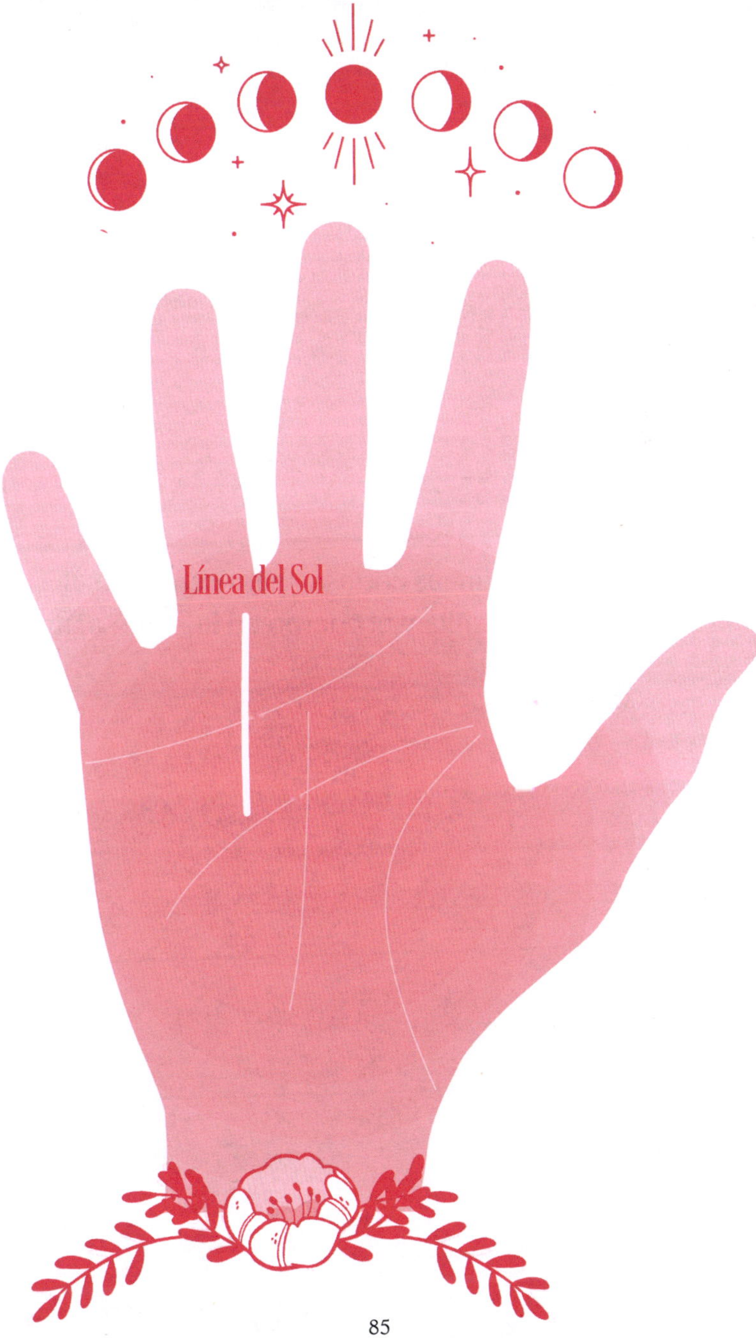
Línea del Sol

Líneas de los hijos

Estas aparecen como líneas cortas y más oscuras en el cuadrante del hogar, la familia y el cuerpo en la mano activa.

- **Aparecen cuando los niños están presentes en el hogar. ¡No son una predicción de la futura descendencia!**
- **Las líneas curvas suelen representar a las niñas y las rectas, a los niños.**

Línea de
los hijos

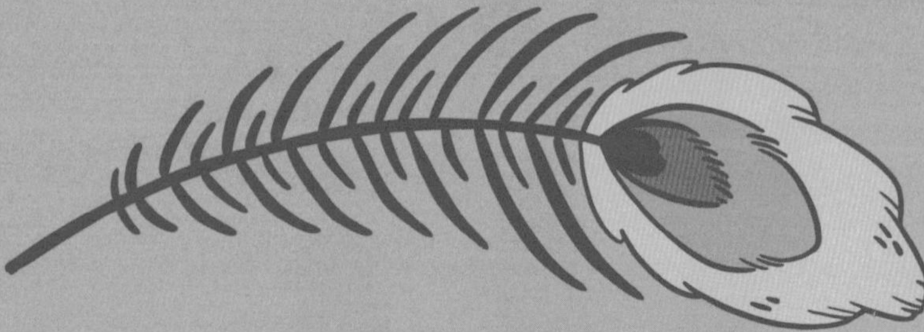

Cinturón de Venus

Se trata de una línea o serie de líneas paralelas que se ubican sobre la línea del corazón.

- **Eres un poco soñadora y te encantan los libros y las películas que te transportan a otros mundos.**
- **A menudo sientes la necesidad de escapar y vivir en otro lugar ¡más lujoso!**
- **Tienes un gran sentido del asombro y amor por el arte, ya sea el teatro, la música o la literatura.**

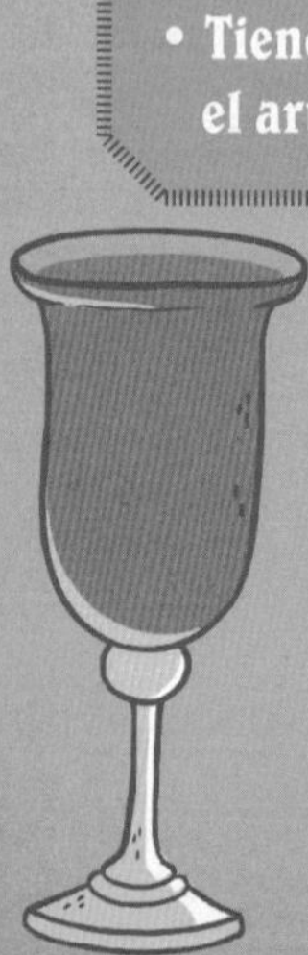

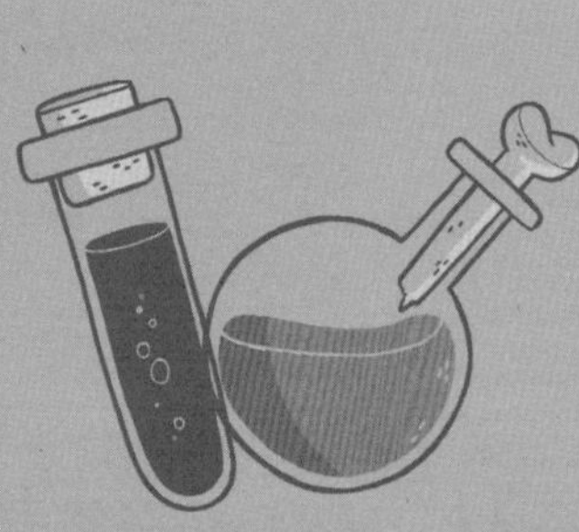

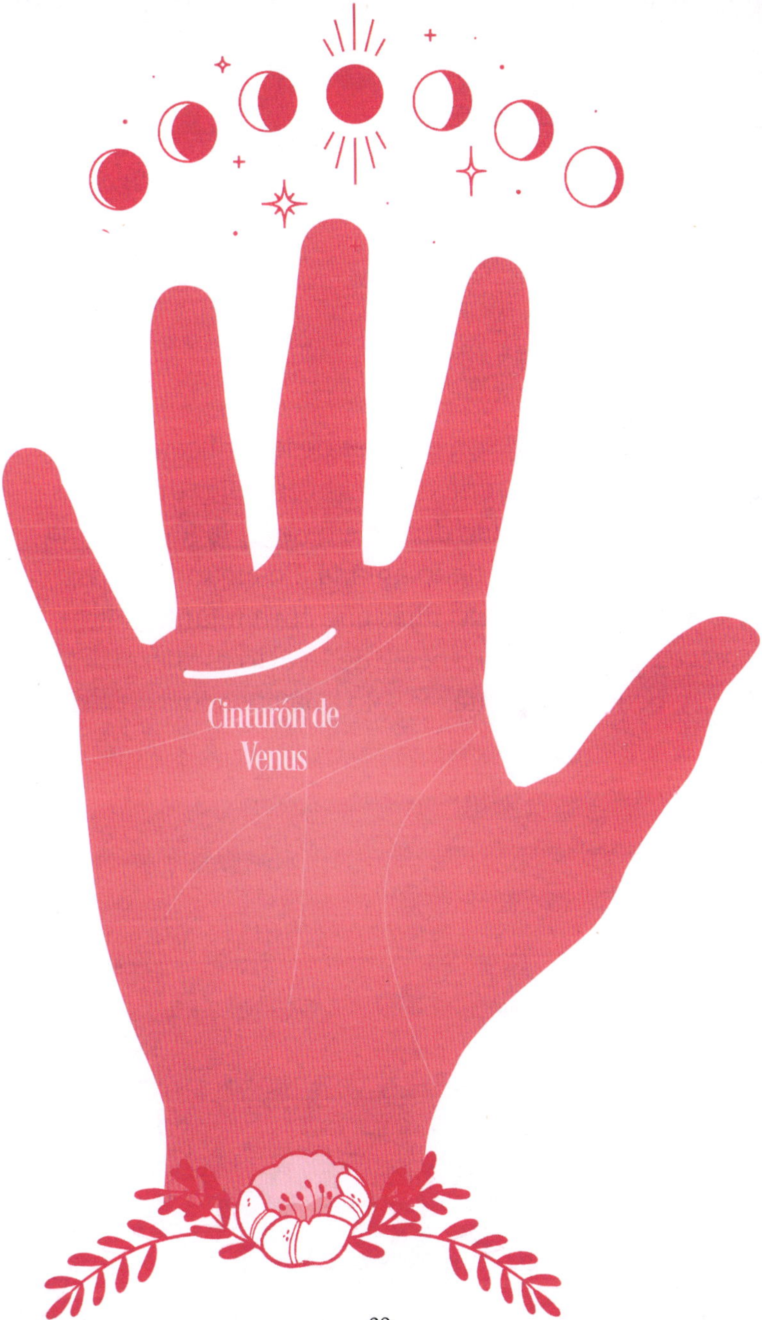
Cinturón de
Venus

LÍNEA DE LA SALUD

Las líneas de la salud son difíciles de identificar, ya que casi siempre son una serie de rayas verticales dispuestas al azar, que se extienden desde la base de la línea de la vida hasta la base del dedo antena. En algunos casos, hay cuatro o cinco líneas finas que corren juntas; otras veces, forman una especie de «efecto escalera» y, ocasionalmente, es solo una línea fina.

- **Cuanto más marcada sea la línea, más probable será que te sientas un poco estresada.**
- **Si tu línea de la salud muestra que estás estresada, tómate un tiempo para pensar qué puedes hacer para relajar tu cuerpo.**
- **Las actividades en las que se practica una respiración lenta y profunda, como la meditación o el yoga pueden hacer maravillas en la línea de la salud.**

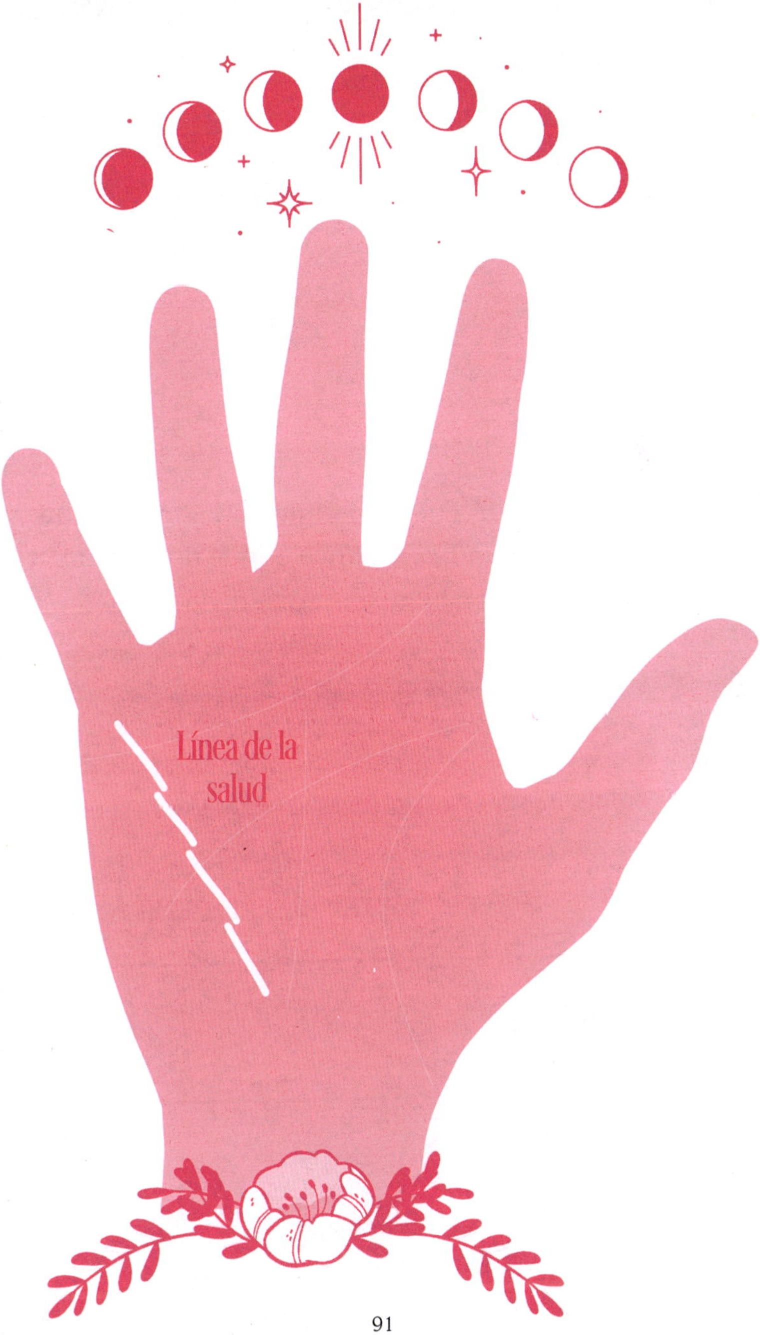
Línea de la
salud

Línea de la intuición

La línea de la intuición es curva, sin interrupciones y muy fina. Es muy fácil confundir esta línea con la de la salud, ya que se encuentra en la misma zona de la palma.

Esta línea es común en personas con poderosas habilidades psíquicas. Tú puedes ser el tipo de persona que a menudo tiene «corazonadas» sobre los demás o sobre situaciones, ¡que resultan ser ciertas!

Línea de la intuición

Línea de la pareja

Las líneas de la pareja se encuentran en el borde exterior de la palma de la mano, por debajo del dedo antena y por encima de la línea del corazón. Estas líneas pueden ser ignoradas, a menos que sean largas, por ejemplo, que se extiendan 2,5 centímetros o más por debajo del dedo antena.

- **Si la línea de la pareja es larga, se curva hacia arriba y se corta cerca de la base del dedo antena, es probable que te resulte difícil confiar en los demás.**
- **Si la línea es larga y recta, es posible que prefieras no tener pareja hasta que seas mayor.**

Existe la creencia de que estas líneas muestran el número de matrimonios e hijos que tendrás. Esto no tiene sentido, ¡ya que casi todo el mundo tiene una o dos de estas marcas!

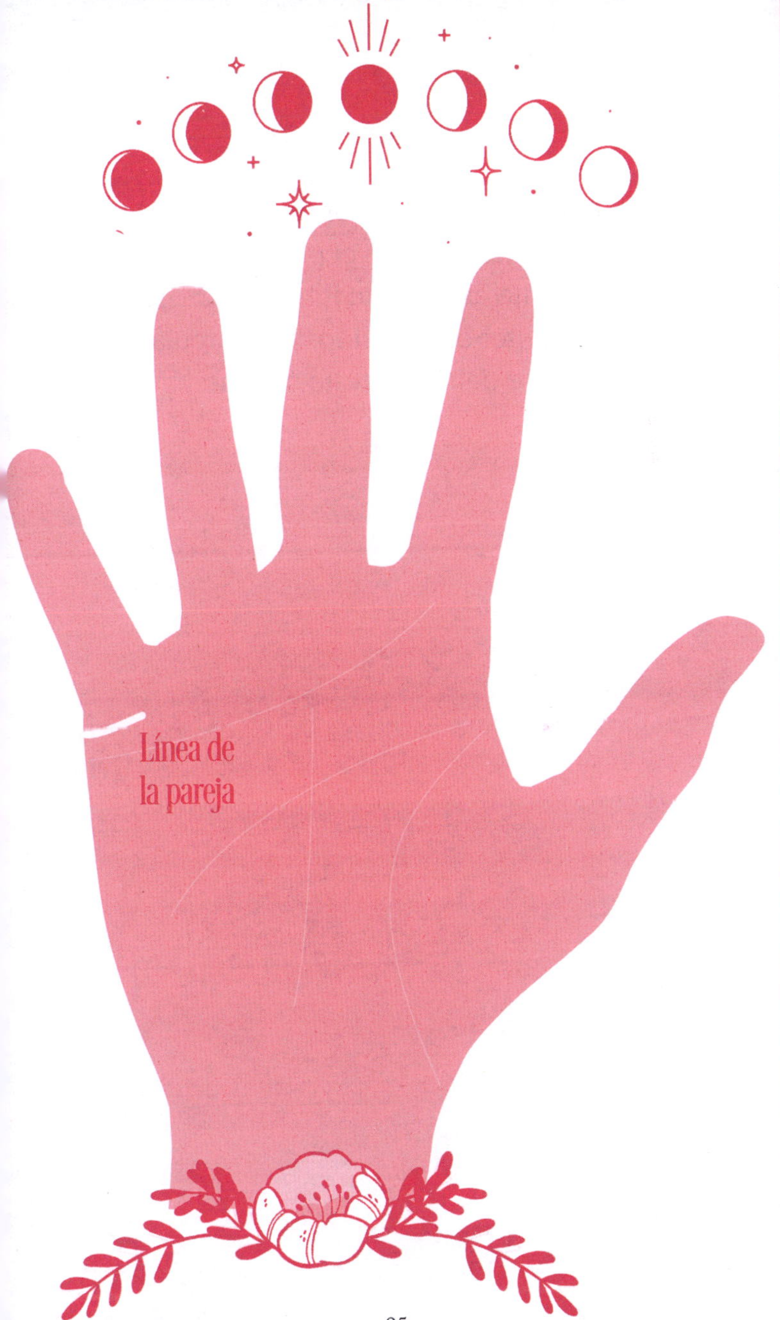
Línea de
la pareja

Anillo de Júpiter

Se trata de un semicírculo alrededor de la base del dedo espejo. Se suele confundir con el pliegue normal o doble que está presente en la parte inferior de este dedo, pero el anillo de Júpiter es muy fino, semicircular, y se extiende por debajo de este pliegue.

- **Esta línea muestra que tienes un gran interés por las demás personas. Te resulta fácil comprender sus pensamientos y sentimientos.**
- **Tus amigos saben que eres muy buena consejera, por lo que suelen acudir a ti cuando tienen un problema.**
- **Se cree que si hay dos anillos, ¡tienes una suerte excepcional!**
- **Este signo es muy poco frecuente, ¡pero es sorprendentemente común en quirománticos!**

Esta línea también suele denominarse «Anillo de Salomón». En la Biblia, el rey Salomón era conocido por su sabiduría.

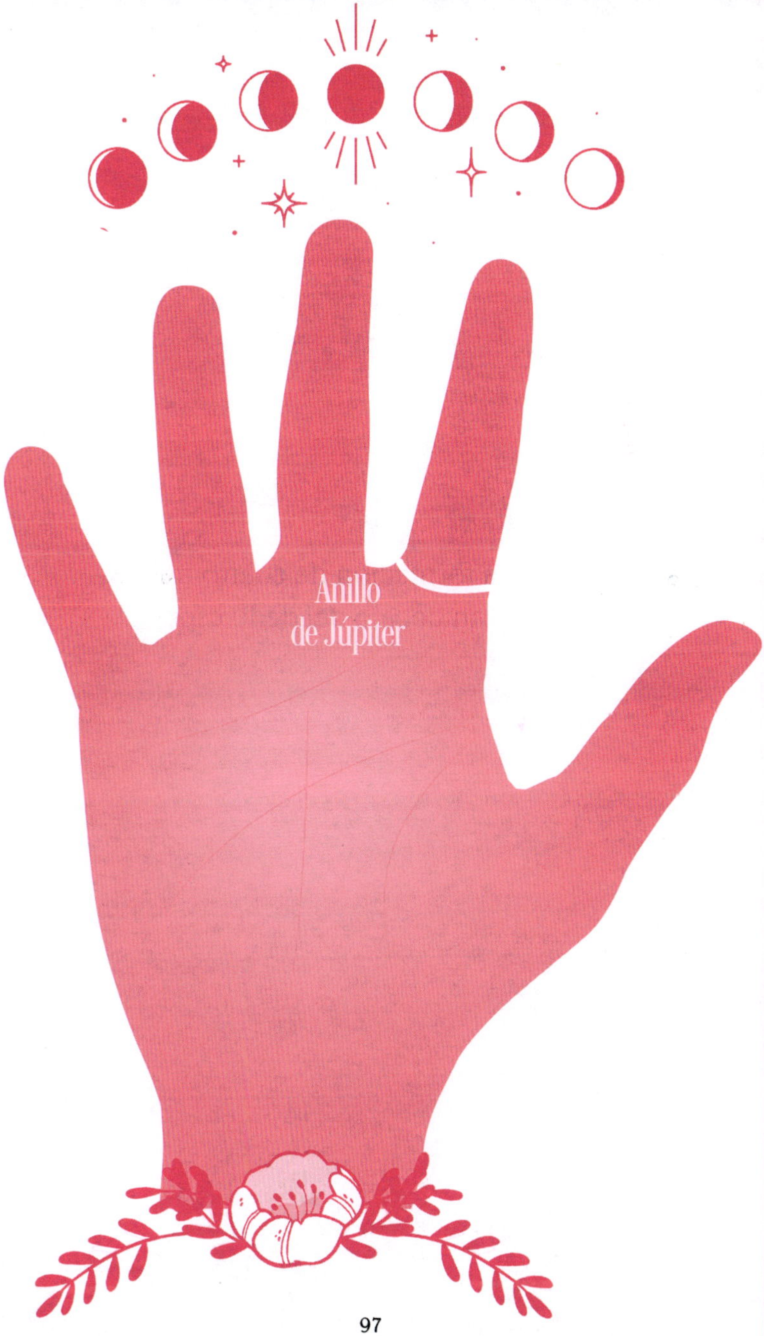
Anillo
de Júpiter

Cuadrado del maestro

En realidad, es una formación de cuatro marcas que se entrecruzan debajo del dedo espejo.

- **Eres buena líder y una maestra o profesora muy paciente.**
- **Brillas cuando se trata de transmitir tus habilidades y conocimientos a los demás.**

Cuadrado
del maestro

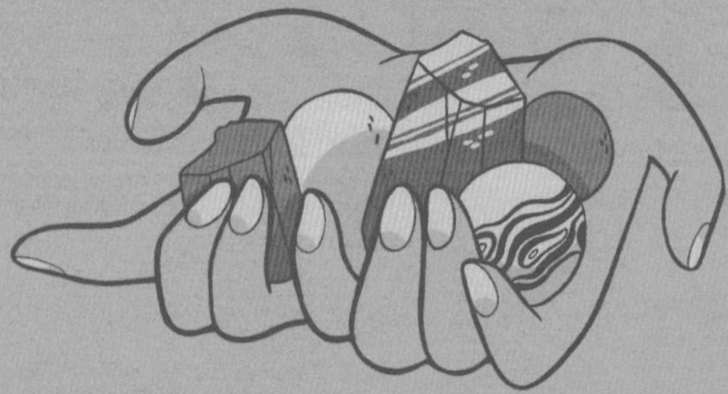

Líneas del samaritano

Se trata de una serie de líneas finas que se extienden verticalmente en la zona que rodea la base del dedo antena.

- **Estas líneas muestran que te gusta hacer el bien. Sueles pasar tiempo cuidando de los demás.**
- **Si hay cuatro o más líneas, sugiere que eres amable y que tienes un marcado espíritu comunitario.**
- **Antiguamente se creía que estas marcas mostraban que alguien tenía manos mágicas o sanadoras.**

Líneas del
samaritano

LÍNEAS DEL COMPAÑERO

Estas líneas son débiles y se ubican del lado interior de la línea de la vida.

- **La mayoría de las personas tienen varias de estas líneas. Representan a las personas cercanas a ti.**
- **La mano pasiva muestra a tus hermanos y la mano activa, a tus mejores amigos.**
- **Si hay muchas líneas, significa que tienes un grupo grande y complejo de relaciones.**
- **Cuando estas líneas parecen detenerse de repente con una cruz o una isla al final, pueden indicar que una relación ha finalizado.**

Estas líneas no muestran el número de matrimonios que tendrá una persona, ¡por lo que debes evitar esta interpretación!

Líneas del
compañero

Líneas de la ambición

Son líneas finas como cabellos, que se elevan por encima de tu línea de la vida (en dirección a tu dedo espejo).

- **Estas líneas representan tus esperanzas y aspiraciones personales.**
- **Si tienes estas líneas, puede indicar que siempre intentas aprender cosas nuevas y superarte a ti misma.**
- **Posees mucho empuje y energía para triunfar. Si tienes el objetivo de ser tu mejor versión, ¡seguramente tengas éxito en ello!**

Líneas de la
ambición

Línea de Marte

La línea de Marte es poco común. Se encuentra en la parte superior de la línea de la vida, cerca del pulgar. La mayoría de las personas tienen aquí una línea corta y poco definida. Así que solo debes considerarla si es clara, bien marcada y mide más de un centímetro.

- **Tienes toneladas de energía, una naturaleza competitiva y la necesidad de nuevos desafíos.**
- **Es muy probable que ames los deportes, la gimnasia, el baile o las artes marciales.**
- **A menudo encontrarás esta línea ¡en las palmas de las principales estrellas del deporte!**

Línea de
Marte

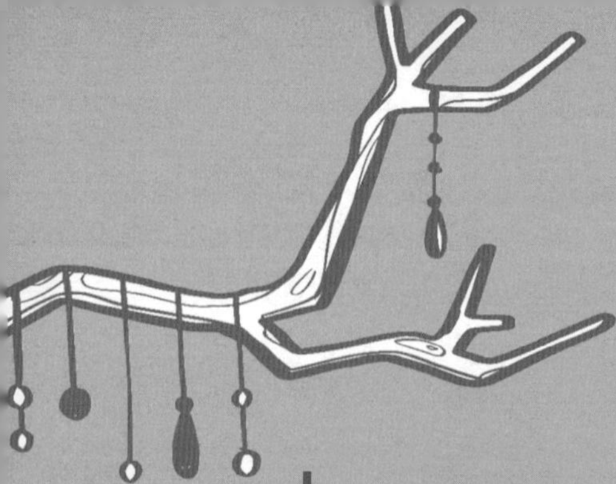

Líneas del estrés

La mayoría de las personas tienen un par de líneas finas que atraviesan el cuadrante del cuerpo, hogar y familia primarios. Solo son significativas si observas cinco o más líneas horizontales profundas en esta zona.

- **Puede que te sientas un poco estresada actualmente.**
- **Cuanta más incertidumbre haya en tu vida, más probable es que aparezcan estas líneas.**
- **Se suavizarán y desaparecerán a medida que puedas manejar el estrés.**

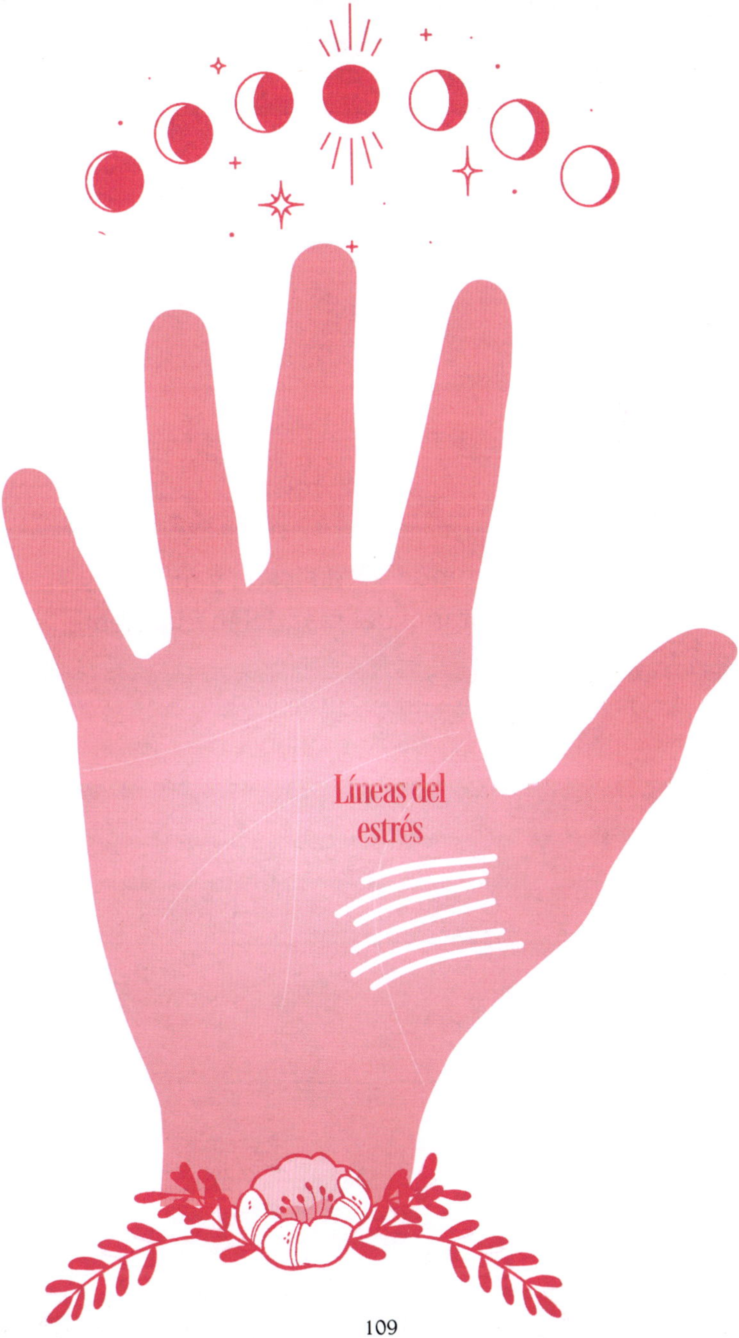
Líneas del
estrés

Línea de la intensidad

Esta línea es bastante común. Es delicada y recta, y se encuentra sobre el cuadrante del mar del inconsciente.

- **Te resulta difícil relajarte y buscas constantemente la emoción y el movimiento.**
- **Tienes mucha energía y una verdadera chispa que te empuja a hacer cosas arriesgadas.**
- **A menudo, encontrarás esta línea ¡en paracaidistas, motociclistas, pilotos de carreras y esquiadores!**

Línea de la
intensidad

Vía lasciva

Esta línea se encuentra en la misma zona que la línea de la intensidad, pero es marcadamente curvada en lugar de recta, y a menudo presenta una formación interrumpida. Suele extenderse hasta la línea de la vida.

- **Puede que tu sistema inmunológico sea muy sensible. Por eso, es probable que tengas alergias o muchos resfriados.**
- **También es posible que tengas alguna fobia, ¡como el miedo al agua, a las alturas o a las arañas!**

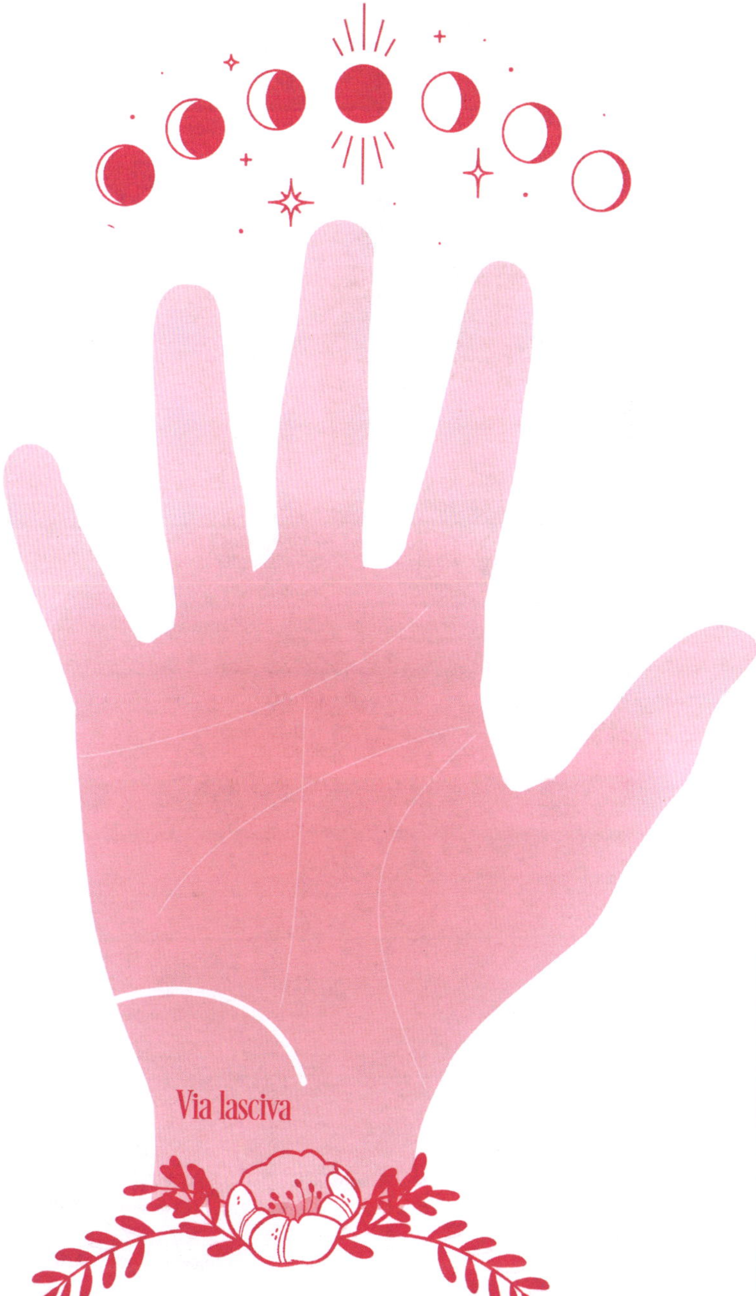
Via lasciva

Lee las manos de tus amigos

Guía para la lectura

¡Este es el momento de poner en práctica todo lo que has aprendido! Estas manos pertenecen a una joven diestra llamada Aisha. Ella ha colocado sus palmas entintadas hacia abajo sobre el papel, por lo que la mano derecha se ve como si fuera el contorno de la mano izquierda, y viceversa. Estudia las imágenes. Luego, responde las preguntas y lee las respuestas de las siguientes páginas para interpretar sus palmas.

Mano izquierda de Aisha

Recuerda que cuando lees las palmas de otra persona, debes buscar lo inusual, es decir, aquello que las hace especiales. Si tienen marcas o patrones comunes, no es necesario que los analices.

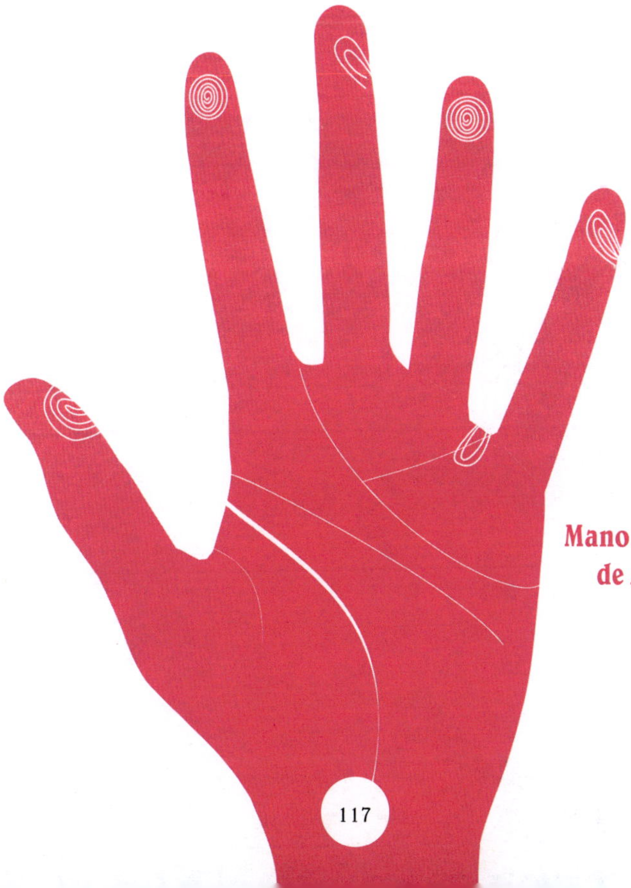

Mano derecha de Aisha

1. COMIENZA POR LAS PALMAS

- Observa la forma de la mano. ¿Qué te sugiere?
- La textura de la piel es «de papel». ¿Qué quiere decir?
- Los dedos y el pulgar son rígidos, y solo se mueven un poco cuando los empujas hacia atrás. ¿Qué crees que significa?

Respuestas

- Aisha tiene una palma rectangular con dedos largos, así que estas son manos de agua. Puede parecer malhumorada, pero en realidad es amable y afectuosa. Es creativa, y ama la magia y el misterio.
- La piel con textura «de papel» es bastante común. Aisha puede parecer distante y prefiere conectarse con otras personas a través de los libros, los ordenadores y los teléfonos.
- Los pulgares y dedos rígidos muestran que Aisha tiene una gran fuerza de voluntad y una mentalidad inflexible.

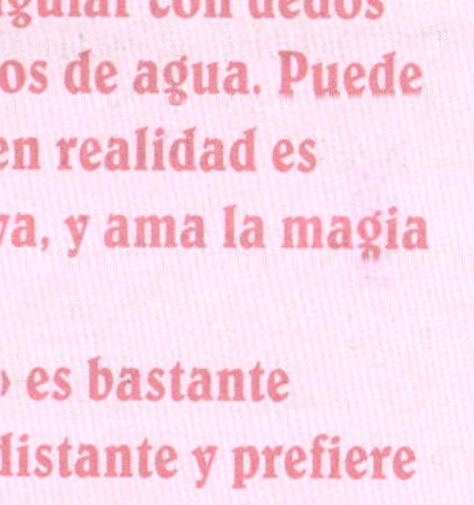

2. AHORA, OBSERVA LOS DEDOS

- Comienza por el dedo espejo. ¿Es largo, corto o medio? ¿Qué te sugiere? ¿Qué patrón de huella dactilar puedes ver? Compara la mano activa y la mano pasiva.

  ¿Qué significa esto?
- Continúa con el dedo del muro. ¿Es largo, corto o medio? ¿Qué patrón de huella dactilar puedes ver? ¿Qué crees que significa?
- Después, el dedo del pavo real. ¿Es largo, corto o medio? ¿Qué patrón de huella dactilar puedes ver? ¿Qué te dice esto?
- Ahora, el dedo antena. ¿Es largo, corto o medio? ¿Qué patrón de huella dactilar puedes ver? ¿Qué te sugiere?
- Por último, el pulgar. ¿Es largo, corto o medio? ¿Qué patrón de huella dactilar puedes ver? ¿Qué crees que significa?

Respuestas

- Los dedos espejo son muy largos en ambas manos, lo que demuestra que Aisha puede ser muy firme. Las huellas son una espiral en el dedo activo y un bucle radial en el dedo pasivo. Son opuestas, lo que expresa un conflicto entre sus personalidades privada y pública. Por fuera es independiente, pero en su interior está dispuesta a complacer a los demás.
- Los dedos del muro son largos, lo que significa que Aisha tiene una actitud responsable ante el trabajo y la familia. Las huellas son bucles cubitales. Estas son las más comunes, así que no hay necesidad de analizarlas.
- Los dedos del pavo real son cortos en comparación con los dedos espejo, lo que significa que Aisha no está muy preocupada por la popularidad. Las espirales muestran que tiene gustos originales en cuanto a la ropa y la música.
- El dedo antena es ligeramente largo. Aisha tiene habilidades lingüísticas innatas. Le resulta fácil conversar con todo tipo de personas sobre temas muy variados. Las huellas son bucles cubitales. Estas son las más comunes, así que no hay necesidad de analizarlas.
- Los pulgares de Aisha son de longitud media, y ambos tienen bucles cubitales. Estos son los más comunes, por lo que no representan un rasgo a considerar.

3. EXAMINA LAS CUATRO LÍNEAS MAYORES

- Comienza por la línea de la vida. ¿Qué te dice? ¿Hay alguna diferencia entre la mano activa y la mano pasiva?
- Observa la línea del corazón. ¿Qué te sugiere? ¿Hay alguna diferencia entre ambas manos?
- Mira la línea de la cabeza. ¿Cómo es? ¿Hay alguna diferencia entre ambas manos?
- Examina la línea del destino. ¿Qué características tiene? ¿Hay alguna diferencia entre ambas manos?

Respuestas

- A la línea de la vida le falta la parte inferior en la mano activa y es aún más corta en la mano pasiva. Esto muestra que Aisha es un poco insegura, pero también muy entusiasta para desarrollarse en una profesión donde sea bien retribuida.
- Las líneas de la cabeza son claras y rectas en ambas palmas, pero la línea de la cabeza de la mano activa es mucho más larga. La diferencia de longitud muestra que a Aisha le puede resultar difícil comprometerse con una sola cosa, pero esto está comenzando a cambiar a medida que crece. La rectitud de las líneas muestra que es de pensamiento racional, y la línea de la cabeza está separada de la línea de la vida por un gran espacio, lo que demuestra que es ambiciosa.
- La línea del corazón es clara, curvada y termina entre los dedos espejo y los dedos del muro. Esto indica que Aisha es una persona expresiva y romántica, a la que le resulta fácil relacionarse con los demás.
- La línea del destino está fragmentada y formada por varias líneas finas. Esto indica una falta de claridad sobre sus objetivos personales, la dirección de su vida y su carácter. Es probable que Aisha aún no sepa exactamente lo que espera de la vida.

4. POR ÚLTIMO, BUSCA LAS LÍNEAS MENORES

• ¿Qué líneas menores puedes ver? ¿Qué significan? ¿Hay diferencias entre la mano activa y la mano pasiva?

Comprueba la lista de líneas menores:

- **Línea del Sol**
- **Línea de los hijos**
- **Cinturón de Venus**
- **Línea de la salud**
- **Línea de la intuición**
- **Línea de la pareja**
- **Anillo de Júpiter**
- **Cuadrado del maestro**
- **Línea del samaritano**
- **Línea del compañero**
- **Línea de la ambición**
- **Línea de Marte**
- **Línea del estrés**
- **Línea de la intensidad**
- **Vía lasciva**

Respuestas

Hay una línea de la pareja larga en la mano pasiva, una línea de la intensidad en la mano pasiva y una línea de Marte en ambas manos.

- **La línea de la pareja sugiere que a Aisha puede resultarle difícil confiar en los demás.**
- **La línea de la intensidad indica que tiene mucha energía.**
- **La línea de Marte muestra ¡una veta competitiva! Es probable que Aisha disfrute de aquellos deportes en los que pueda liberar tensiones y desafiarse a sí misma.**

Los mejores trucos

Aquí encontrarás algunas recomendaciones interesantes que debes recordar cuando estés leyendo la palma de un amigo.

- Respira profundamente, habla con suavidad y tómate tu tiempo.
- Recuerda tener tacto, sensibilidad y estar atenta a las palabras que utilices. No querrás decir algo que preocupe o moleste a tu amigo.
- Leer las manos puede ser estresante si las expectativas de tu amigo son demasiado altas. Hazle saber que no serás capaz de decirle el nombre de su futura pareja, ¡ni el cumpleaños de su gato!
- Explica que no harás predicciones aterradoras. Hablarás de su personalidad más profunda y revelarás aspectos de su verdadero yo.
- No te precipites. Espera hasta que hayas analizado todos los aspectos de la palma de la mano antes de hacer cualquier afirmación general.

- Examina siempre las dos manos con atención y observa sus diferencias. Estas son importantes porque explican las partes contradictorias de la personalidad de tu amigo.

Una buena lectura de manos es como sostener un espejo frente a tu alma, y hay un enorme poder, magia y oportunidad en este proceso. Un inmenso potencial de cambio surge cuando nos comprendemos de verdad a nosotros mismos.

«La magia reside en creer en uno mismo. Si puedes lograrlo, puedes hacer que todo suceda».

JOHANN WOLFGANG VON GOETHE

Otros títulos de la colección:
Astrología * Cristales * Encantamientos